MT 약학

MT
약학

Map of Teens

대한약학회 지음

청어람장서가

about M.T Series

시리즈를 발간하며

대학 입시에 대한 관심이 우리나라처럼 많은 곳도 없을 것이다. 하지만 대학에 대한 많은 관심에도 불구하고, 막상 대학에 가서 무엇을 배우는지에 대해서는 학생과 학부모 모두 구체적으로 모르고 있는 것 같다. 이는 대학 교육의 실질적 내용보다는 대학 졸업장 취득 여부에만 큰 관심을 기울이는 세태의 반영일 수도 있지만, '대학 가는 것'을 인생의 중요한 목표로 삼고 있는 중·고등학생들에게 대학의 교육 내용을 쉽고 친절하게 설명해 주는 자료가 없었기 때문일 것이다.

〈나의 미래 공부〉 시리즈 'Map of Teens'는 중·고등학생들의 후회 없는 선택과 성공적인 공부를 위해 기획되었다. 자신의 삶을 크게 테두리지을 대학의 각 분야별 공부가 구체적으로 어떤 것인지 스스로 읽고 판단하는 데 도움이 될 것이다. 또한 이것이 내가 정말로 하고 싶은 것인지, 잘할 수 있을 것인지를 스스로 또는 부모님, 선생님과 함께 고민하고 결정할 수 있게 만들어 줄 것이다. 아직 자신의 적성을 모른다면, 이 시리즈에 포함된 다양한 공부의 길들을 비교해 보면서 역으로 자신의 흥미와 열정을 발견할 수도 있을 것이다.

　대학의 다양한 학문들이 무엇을 배우고 연구하는지를 아는 것은 단지 '나의 선택'만을 위해 중요한 것은 아니다. 사회의 다른 구성원들이 무엇을 공부하는지 아는 것도 매우 중요한 일이다. 사회의 범위가 지구촌으로 확대되고 있는 지금, 나의 이웃들이 무엇에 관심을 가지고 공부하고 있는가를 아는 것은 우리 모두의 공동 번영을 위해 필수적일 수밖에 없다. 이런 경향을 반영하듯 각 학문은 서로의 분야를 넘나들며 융합되고 있고, 대학에서 한 가지 전공만을 공부한다는 것은 이제 지난날의 일이 되었다. 사회에서 요구하는 인재상도 멀티플 전공으로 바뀌고 있다. 우리가 자신만의 전문성을 가지되 다양하고 폭넓은 공부를 해야 하는 이유가 여기에 있다.

　〈나의 미래 공부〉 시리즈 'Map of Teens'는 이러한 시대적 요청에 충실하면서도, 수많은 학문의 내용을 자세히 들여다볼 시간이 없는 독자들을 위해 각 분야의 핵심을 한눈에 알아볼 수 있도록 요약하려고 노력하였다. 여기에는 각 해당 분야 전공자들의 많은 노력이 숨어 있다. 오랜 시간 축적돼 온 각 학문의 내용과 새롭게 추가되는 연구 성과들을 가능하면 우리 실생활과 연관시켜 쉽고 재미있게 설명하기 위해 고심한 필자들의 노고에 감사드린다. 이 시리즈가 중·고등학생들이 미래를 찾아가는 학문 여행에 꼭 필요한 지도가 되길 바라며, '나만의 미래 공부'를 찾아 여행을 떠나 보자.

2011년 11월

시리즈 기획위

인문계열

국문학 | 영문학 | 중문학 | 일문학 |
문헌정보학 | 문화학 | 종교학 | 철학 |
역사학 | 문예창작학

Map of Teens

여행을 떠나기 전
학과 지도를 펼쳐 보자

세상은 넓고 학과는 많다.
학과에 대한 호기심과 나에 대해 알아보려는 의지만 있으면 여행 준비 끝!
자, 이제부터 나의 미래를 찾기 위해 힘차게 떠나 보자!
놀라운 학과 세계와 지적 모험이 여러분을 기다리고 있을 것이다.

사회계열

심리학 | 언론홍보학 | 정치외교학 | 사회학 | 행정학 | 사회복지학 | 부동산학 |
경영학 | 경제학 | 관광학 | 무역학 | 법학 | 행정학 | 콘텐츠학

예체능계열

영화학 | 음악학 | 디자인학 | 사진학 |
무용학 | 조형학 | 공예학 | 체육학

교육계열

교육학 | 교육공학 | 유아교육학 | 특수
교육학 | 초등교육학 | 언어교육학 | 사
회교육학 | 공학교육학 | 예체능교육학

공학계열

생명공학 | 기계공학 | 전기
공학 | 컴퓨터공학 | 신소재
공학 | 항공우주공학 | 건축
학 | 조경학 | 토목공학 | 제
어계측학 | 자동차학 | 안경
공학 | 에너지공학 | 환경공
학 | 화학공학

의약계열

의학 | 한의학 | 약학 | 수의학 | 치의학 |
간호학 | 보건학 | 재활학

물리학 | 화학 | 천문학 | 수학 | 통계학 | 식
품영양학 | 의류학 | 지리학 | 생명과학 | 환
경과학 | 원예학

자연계열

희망과 가능성이 가득한 생명의 세계로의 초대

약학 대학은 신약개발이라는 창조적 사명과 의약품의 안전하고 올바른 사용을 통한 생명에의 기여라는 직업 소명관을 가진 약사를 양성하는 기관입니다.

약학은 활성물질을 검색하고 유효성과 안전성을 검증하여 신약으로 개발하며 개발된 의약품의 생산 제조에서부터 약국과 병원에서의 임상적 활용까지를 포괄하는 광범위한 학문입니다. 이를 위해 기초학문으로써 화학, 생물학, 물리학은 물론 관련 기초과학 분야의 넓은 지식을 요구하며 2년간 타대학, 타학과에서 이들 과목을 약학입문교육과 교양교육으로 이수한 학생들이 입학하게 됩니다.

약학 대학을 졸업한 후에는 약국이나 병원에서 처방조제와 복약지도, 의약정보활동 등 임상약사로서의 기능을 담당하거나, 제약기업으로 진출하여 신약개발, 의약품제조, 품질보증, 위생관리 등의 업무를 담당하게 됩니다.

또한 보건복지부, 식품의약품안전처, 국립과학수사연구원 등 국가기관이나 건강보험심사평가원, 보험관리공단 등 공공기관의 공무원으로 진출할 수도 있고, 35개 약학 대학을 비롯한 대학에서 교육자로서 활동하거나 KIST나 생명공학연구원 등 국가연구소에서 연구자의 길을 택할 수도 있습니다.

약학이라는 학문은 희망과 가능성이 가득한 생명의 세계로 여러분을 안내해 줄 것이며, 질병으로부터 인간의 생명을 구하는 따듯한 가슴을 가진 약사로서의 긍지와 자부심을 갖게 해 줄 것입니다.

기대에 찬 여러분을 약학의 세계에서 만나게 되기를 간절히 희망하며 여러분에 대한 우리 약학인의 기대 또한 매우 높다는 것을 알아주셨으면 합니다.

끝으로 이 책을 완성하기까지 수고를 아끼지 않으신 집필진, 편집인 모두에게 감사의 말씀을 전합니다.

2018년 8월

저자 대표 정세영

CONTENTS

약학 여행을 위한 안내서

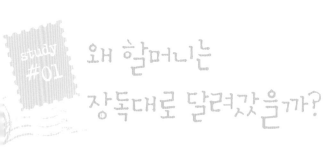

왜 할머니는
장독대로 달려갔을까?

　한 아이가 울면서 집에 들어온다. 할머니가 달려 나가 아이를 보니 벌에 쏘여 이마가 부어올라 있다. 다급해진 할머니는 서둘러 장독대로 달려갔다. 이 모습은 불과 몇 년 전만 해도 쉽게 볼 수 있었다. 많은 학생들이 알고 있겠지만, 약이 흔하지 않던 시절 된장은 중요한 치료제로 쓰였다.

　할머니는 아니, 우리 조상들은 어떻게 된장에 치료성분이 있다는 것을 알 수 있었을까? 인류의 조상인 원시인들은 먹이를 찾아 산과 들에서 사냥을 하고 바닷가에서 고기를 잡으면서 자연에 순응하며 동굴이나 움막에서 생활해 왔다.

　질병과 자연현상에 대한 이해가 부족했던 고대의 치료방법과 치료제 중에는 황당무계한 미신적인 요소가 많이 내포되어 있기도 하다. 질병은 악령이 침입하거나 정령이 신체 밖으로 빠져나간 결과로 인해 발생된다고 믿었기 때문에 악령을 추방하면 영혼이 다시 환자의 몸속

약학 여행을 위한
안내서

으로 돌아와 질병이 치료된다고 믿었던 것이다. 그래서 사제와 주술사가 의료행위를 했다.

자연 생약에 대한 경험을 통한 지식이 수천 년 내려오면서 전수되어 축적된 것이 이른바 민간약일 것이며, 여기에는 식물에 근원을 둔 것뿐만 아니라 광물이나 동물에 근원을 둔 것도 포함되어 있다. 즉 우리 인류 최초의 약은 조상들의 자연에 대한 예리한 관찰력의 결과라고 할 수 있다.

원시인들은 자연과 접촉하는 기회가 현대인에 비해서 많았을 것이고 또한 주위에 자라고 있는 초근목피(草根木皮)를 식용으로 사용하면서 식물에 대한 여러 가지 지식을 축적했을 것이다. 어떤 식물은 식용이 가능하지만 어떤 것은 먹으면 병이 생기거나 죽게 되는, 소위 독초(毒草)도 있었을 것이고 또 어떤 것은 질병을 치유할 수 있는 약초도 있었을 것이다. 또한 독초라고 하더라도 사용량에 따라서 약이 될 수도 있다는 지혜를 터득하게 되었을 것이다. 이러한 약초와 독초가 바로 인류 최초의 약이었다.

도라지는 우리에게 매우 친숙한 식물로 식용도 되고 약용도 되는 대표적인 예다. 그 뿌리의 쓴맛을 우려내기 위해 물에 담가 두었다가 쓴맛이 빠지고 나면 무쳐서 반찬으로 먹는다. 그런데 도라지 속에는 기관지에 좋은 플라티코딘이라는 사포닌 성분이 들어 있어서 가래를 삭이고 기관지 분비를 촉진하여 기관지염이나 기침약에 많이 사용된다. 감기에 걸렸을 때 먹는 기침약에 도라지 분말 또는 추출물이 많이 이용되고 있다.

미치광이풀이라는 독초가 있는데 한방에서는 그 뿌리를 낭탕이라 한다. 이 뿌리 중에는 아트로핀이라는 맹독성 알칼로이드가 들어 있다. 그래서 뿌리를 먹으면 즉시 죽음에 이를 정도로 위험한 독초다. 하지만 이 독초도 유용하게 쓰이고 있다. 안과에서는 뿌리에서 이 물질을 추출하여 아주 옅은 농도로 동공을 축소시켜 근시를 치료하는 데 사용하거나 독가스(신경가스) 중독으로 매우 긴급을 요하는 위험한 상황에서 해독제 주사로 사용된다. 독이라도 희석 용량으로 알맞게 사용하면 훌륭한 약이 되는 것이다.

또한 약초나 독초를 단독으로 사용하기보다는 적당한 비율로 혼합 사용하는 것이 치료효과를 더 크게 한다는 사실도 발견하였다. 오늘날 우리나라에서 많이 사용되고 있는 한약이 대표적인 예라고 할 수 있다.

우리나라에서 사용되는 대표적인 독초 중에 부자(附子)라는 식물이 있다. 옛날 임금님이 내리는 사약(死藥) 속에 포함되거나 낙태약으로도 사용했는데, 부자의 뿌리에 아코니틴이라는 맹독성분이 들어 있기 때문이다. 그러나 한방에서는 독성 때문에 질병치료에 부자만을 사용하지 않는다. 독성을 약화시키기 위하여 감초, 인삼, 생강과 같은 다른 한약재를 혼합하여 사용한다. 그 예로 진무탕(眞武湯), 사역탕(四逆湯)이 있다.

약학과 의학은 공생관계에 있다?

약학의 발전사는 의학의 발전사와 그 궤를 같이하고 있어 별개로 취급할 수 있는 성질의 것이 아니다. 병을 치료하는 데는 약이 필요했고 약을 사용하여 환자를 치료하는 행위는 의료행위이기 때문에 발전 초기에는 발전과정을 분리할 수 없는 밀접한 관계가 있다.

의약학이 발전하는 과정에서 두 분야가 분화되어 독립적인 학문으로 발전했지만 유구한 의약학의 발전역사를 돌이켜 볼 때 극히 일부분이라고 할 수 있다.

의사의 주 임무는 환자의 질병을 규명하는 진단과 치료이고, 약사의 주 임무는 질병치료에 사용되는 약의 제조, 관리, 투약과 개발이다. 지금도 약학과 의학은 밀접한 관계에서 더불어 발전하고 있으며 약학의 발달을 설명하는 과정에서 약학과 의학은 같이 발전해 왔기 때문에 많은 부분이 겹칠 수 있다.

약학의 역사는 인류의 역사만큼이나 유구한 역사를 갖고 있다. 지구상에 인류가 출현한 이래 질병은 있었을 것이고 이를 치료하려는 노력의 일환으로 원시적이긴 하지만 약이 출현했을 것이다.

고대 문헌에도 약에 관한 기록은 많이 남아 있다. 모든 분야의 발달과정이 그러하듯 약학도 독립적으로 발전한 것이 아니라 의학과 과학문명의 발달과 더불어 발전했다.

식물과 과학의 놀라운 만남

19세기에 들어서면서 추출물 형태로 사용되어 오던 약초에 대한 약효 성분 분리 연구에 관심을 갖게 되었다. 1804년에 독일의 약사 프리드리히 제르튀르너는 아편으로부터 진통성분인 모르핀을 처음 분리하였고, 1817년에 모르핀을 양산하기 시작하였으며 1827년에 Merck사에서 처음 상용화하여 판매하였다. 이를 계기로 약초에서 많은 약효 성분이 분리되었고 분리된 약효 성분의 구조 결정과 합성이 시도되었다. 이렇게 천연물 화학이 시작되어 분리 성분의 약효를 파악하기 위한 약리학이 성립되었고, 약의 발전에 획기적인 진전이 이루어졌다. 19세기 중엽부터는 자연에 존재했던 천연물질이 아닌 실험실에서 인공적으로 합성된 화합물이 의약품으로 사용되기에 이르렀다.

식물에서 유래한 대표적인 약물을 살펴보면 다음과 같다.

BC 5세기 무렵 히포크라테스는 버드나무 껍질이 해열작용을 한다는 사실을 발견했다. 그 후 2천여 년이 지난 영국에서 스톤이 백버드나무껍질의 즙을 열이 있는 사람 50명에게 먹여 해열작용을 확인했으며, 이를 1763년에 런던 왕립학회에서 발표했다. 1838년에 이탈리아 화학자 피리아는 버드나무 껍질에서 약효의 주성분인 살리신을 분리했으며, 그 뒤 몇 단계 화학반응을 거쳐 아스피린의 모체인 살리실산을 얻었다. 1893년에 바이엘사는 살리실산의 에스테르인 아세틸살리실산의 정제법을 발견했으며, 아스피린이라 명명하고 진통 해열제로 시판하기 시작했다. 이로부터 아스피린은 해열제의 대명사가 되었다.

주목나무과 식물인 주목에서 분리된 성분인 'taxol'과 희수나무과의 희수나무(Camptotheca acuminata)에서 분리된 'campothecin'은 항암제, 꼭두서니과의 키나나무(Cinchona succirubra)에서 분리된 'quinine'은 말라리아 치료제, 인디안들의 화살독으로 사용된 새모래덩굴과의 파리에라(Chondodendron tomentosum)에서 분리된 'tubocurarine'은 근이완제, 가지과의 미치광이풀(Scopolia parviflora)에서 분리된 'atropine'은 진경제로 개발되어 현재도 사용되고 있다.

생약 추출물에서 약효성분을 분리하여 단일성분의 약으로 개발하기도 하지만, 현재 생약 추출물 형태의 천연물신약이 치료제로 개발되고 있으며, 그 예는 다음과 같다. 독일에서는 은행잎 추출물을 이용한 혈액순환장애 치료제, 기생식물인 겨우살이

추출물을 이용한 항암제, 엉겅퀴(milk thistle) 추출물을 이용한 간기능 개선제 등이 개발되었다. 2006년에 미국 FDA에서 의약품으로 승인된 최초의 천연물신약인 Veregen 연고는 녹차 추출물의 catechins 분획으로 만들어졌다. 우리나라에서 개발되어 허가된 천연물신약은 6종이며, 봉독을 이용한 골관절염 치료제(아피톡신주사), 애엽 추출물을 이용한 위염 치료제(스티렌정), 3종의 생약(위령선, 괄루근, 하고초) 추출물을 이용한 관절염 치료제(조인스정), 6종의 생약(자오가, 우슬, 방풍, 두충, 구척, 흑두) 추출물을 이용한 관절염 치료제(신바로캡슐), 2종의 생약(황련, 아이비엽) 추출물을 이용한 기관지염 치료제(시네츄라시럽), 2종의 생약(현호색, 견우자) 추출물을 이용한 위장기능 개선제(모노리톤정)가 개발되었다.

오늘날 사용되고 있는 합성 약물의 50% 정도가 천연물에서 유래하였으므로, 천연물은 약의 거대한 보고라 할 수 있다. 우리나라뿐 아니라 선진국은 전 세계에 분포하는 자원 식물에 대한 경제적 효용가치를 평가하여 보다 다양한 식물종의 확보에 주력하고 있으며 이들로부터 신기능성 의약품 소재를 분리 생산하는 체계적인 개발 정책을 펼치고 있다.

20세기 초 화학의 발전과 더불어 신약개발 분야도 눈부시게 발전하였다. 추출된 천연물 성분의 화학구조가 밝혀지면, 유기합성을 통하여 대량 생산함으로써 천연 자원의 한계에서 오는 물량의 제한을 극복할 수 있다. 한 예로, 항암제로 유명한 탁솔은 주목의 껍질에서 분리한 성분으로써 약효가 탁월하지만 그 함량이 적어서 암환자한 명을 치료하는 데 많은 양의 나무껍질이 필요한데, 껍질을 벗기면 나무가 말라 죽으므로 실용화가 어려운 문제점이 있다. 바로 이런 문제점이 해당 화합물의 인공적인 합성으로 해결되었던 것이다.

한편 약물의 합성을 위하여 화학구조가 알려지면서 그 구조를 모방, 보완, 변형 또는 재구성함으로써 자연이 만들어 놓은 약보다 좀더 훌륭하고 약효가 뛰어난 약을 만들려는 시도가 진행되었다. 진통제인 모르핀의 구조로부터 이를 모방하여 진통효과는 크지만 습관성이 작은 펜타닐 등의 합성진통제가 개발된 예가 대표적이다. 즉 자연의 창조력에 인간의 도전이 시작된 것이다.

이러한 도전이 의약품 개발에 기여한 성과는 일일이 언급할 수 없을 정도다. 우리 선조들의 자연에 대한 관찰과 경험은 현대 의약 발전의 기초가 되었으며 이를 토대로 오늘날 거의 모든 질병을 치유할 수 있는 약을 개발하기에 이르렀다. 지금도 약학의 전 분야에서 미지의 신약을 개발하기 위하여 합성의약품 개발과 병행해서 생약성분 연구가 계속되고 있다.

프론토질의 발견

약의 변천 가운데 또 하나의 신기원을 이룬 것은 1933년 도마크에 의한 프론토질의 발견이다. 설파제(감염질환에 쓰이는 치료제)의 효시인 프론토질의 발견은 의약개발 사상 하나의 획을 긋는 역사적인 사건이었다. 그 공로로 도마크는 노벨상을 수상했다. 설파제가 발견되기 전까지 의약품이란 일종의 대증요법제로 병의 원인을 근본적으로 치료하는 것이 아니라 단지 증상을 완화시킬 뿐이었다. 실제로 질병은 인체의 자체 치유력에 의해서 치료되었던 것이다. 그러나 설파제는 질병의 원인이 되는 세균에 직접 작용해 발육을 억제하거나 사멸시킴으로써 질병을 치료했다. 대증요법제가 아닌 원인요법제인 것이다.

의학이 발달하지 못했던 옛날에는 질병

의 원인을 알지 못했기 때문에 질병으로 인해 나타나는 증상에 대처해 증상을 없애는 방향으로 치료했고, 증상이 없어지면 병이 치료된 것으로 보았다. 그러나 프랑스의 미생물학자이자 화학자였던 파스퇴르가 눈에 보이지 않는 미생물이 존재한다는 사실을 입증함으로써 수많은 질병의 원인이 미생물이라는 사실도 알게 되었다. 만일 질병의 원인이 병원균이라면 그 병원균을 없애야 치료가 될 것인데 그것이 생각처럼 간단치 않았다.

약물을 투여하여 이 병원균을 없애려고 할 경우 약물작용이 병원균에만 미치는 것이 아니라 정상세포에도 독작용을 미칠 수 있어 결국 약의 부작용으로 나타나게 될 수 있기 때문이다.

이러한 고민 끝에 생각해 낸 것이 바로 마술총알(magic bullet)의 개념이었다. 인체 내부를 마치 마술총알처럼 요리조리 돌아다니면서 인체세포에는 영향을 미치지 아니하고 병원균만을 선택적으로 공격할 수 있는 약이 있다면 부작용 없이 병을 치료할 수 있는 것이다.

이러한 개념을 처음 생각한 사람은 독일 의사인 에를리히였다. 그는 의과 대학 학생이었을 때 실습시간에 조직세포가 염료에 의해 선택적으로 염색되는 현상, 즉 염료의 생체세포에 대한 염색능력에 깊은 감명을 받았다. 염료로 조직세포를 염색하는 것은 현미경으로 세포를 관찰할 때 세포의 각 부분을 쉽게 구별해서 관찰할 수 있도록 하기 위한 것이다. 이후 에를리히는 염색이 조직세포와 염료 사이에 나타난 화학반응의 결과라 생각하고 미생물을 선택적으로 염색할 수 있는 염료를 찾아 나섰다.

박테리아는 염색이 되면 대부분 죽어버린다. 만일 다른 생체세포에는 전혀 영향을 미치지 않고 병원균에만 치명적으로 작용하는 염료가 발견된다면, 이 염료는 특정한 병원균으로 인해 발생한 질병치료만을 목표로 하는 마술총알이 될 가능성이 있을 것으로 생각했다. 그래서 에를리히는 염료 중에서 약물을 찾는 연구를 했으며 수면병 치료제인 적색염료 트리판 레드(trypan red)를 개발하게 되었다. 수면병은 아프리카에서 많이 발생하는 질병으로, 트리파노소마 원충이 파리에 의해 옮겨져 잠을 자다가 죽는 병이기 때문에 수면병이라고 불렸다. 또한 에를리히는 당시에는 불치병이었던 매독을 치료할 수 있는 살바르산을 개발하기도 했다. 화학요법의 창시자가 된 것이다.

에를리히의 화학요법이라는 새로운 개념의 연구 성과에 영향을 받아 염료에서 치료제를 찾는 연구도 활발히 이루어졌다. 독일의 IG 염료회사에 근무하던 약리학자 도마크 역시 염료에서 항균제를 개발하고 있었다. 1932년 도마크는 프론토질이라고 하는 붉은색 염료가 생체 밖, 즉 시험관 내에서 실험할 때는 항균력이 없으나 실험동물에 투여할 때는 우수한 항균력을 보인다는 사실을 발견하게 되었다. 1935년 도마크의 딸이 핀에 찔려 연쇄상 구균에 감염되었고, 당시로는 치료제가 없어서 거의 죽게 되었을 때 아직 사람에게는 사용한 적 없는 프론토질을 투여해 딸의 생명을 구한 일은 유명한 일화로 전해진다. 인간에 대한 최초의 임상실험인 셈이다. 이렇게 해서 항균제로 개발된 프론토질은 최초의 패혈증 치료제가 되었다. 당시 도마크의 연구 성과는 대단해서 전 세계적으로 새로운 설파제 개발 분야에 엄청난 영향을 미쳤다. 이는 10년도 채 안 되는 짧은 기간 내에 5,000개의 유도체가 합성되었다는 사실에서도 미루어 짐작할 수 있다. 이렇게 프론토질을 효시로 설파제 시대가 개막되었고, 이후로도 유사한 설파제는 많이 개발되었다. 이처럼 설파제는 세균감염성 질환의 퇴치에 많은 기여를 했으며, 특히 제2차 세계대전 중에는 많은 부상병의 생명을 구할 수 있었다. 페니실린 항생제가 실용화된 오늘날에도 설파제는 요로 감염증 등에 널리 사용되고 있다.

지금도 미지의 신약을 개발하기 위해 합성의약품 개발과 병행해서 생약성분 연구를 계속하고 있다.

도마크의 프론토질 개발에 얽힌 이야기

도마크가 프론토질을 개발할 당시 유명한 일화가 있다. 1935년 도마크의 딸이 밖에서 놀다가 핀에 찔려 연쇄상 구균에 감염되었는데 당시로서는 치료제가 없어서 딸을 구할 방도가 없는 절망적인 상황이었다. 도마크는 아직 사람에게는 사용해 보지 않은 프론토질을 딸에게 투여해 보기로 했다. 인간에 대한 최초의 임상실험인 셈이다. 놀랍게도 약효가 신속하게 나타나 병세는 호전되었고 결국 완치되었다. 도마크는 이 모험을 통해 자신의 딸의 생명을 구했음은 물론 현대 화학요법 시대를 열게 되었다.

훗날 프랑스 연구진에 의해 프론토질은 체내에서 분해되어 설포닐아마이드로 변한다는 사실이 밝혀지게 되었다. 이 분해물질로 인해 항균효과가 나타난다는 것도 알게 되었다. 이 분해산물은 프론토질과는 달리 흰색의 물질로 색깔에 의한 거부감이 없어 개량된 신약이라 할 수 있었다.

항균제 개발에 대한 공로로 화학요법의 창시자인 에를리히는 1908년, 도마크는 1939년에 각각 노벨 생리의학상을 받게 되었다. 도마크가 실제 노벨상을 받은 것은 제2차 세계대전이 끝나고 2년이 지난 1947년이었다. 도마크는 히틀러 독재에 반대하는 입장에 있었기 때문에 히틀러의 미움을 받게 되어 노벨상을 바로 수상하지 못했던 것이다.

약학 여행을 위한
안내서

지금은 약을 디자인하는 시대

오늘날 의학과 약학의 발달로 많은 질병의 원인과 약의 작용기전이 규명되고 있다. 특히 생체 내에서 일어나는 모든 반응은 효소가 관여하므로 관련 효소를 타깃으로 이를 제어함으로써 질병을 치료할 수 있다.

이미 많은 종류의 효소의 구조가 규명되었다. 물론 부분적으로 규명되어 있는 것도 있다. 뿐만 아니라 각종 질병과 기존 치료제의 화학구조와 상관관계에 대한 지식도 많이 축적되어 있다. 이러한 축적된 각종 지식을 종합적으로 활용하여 최적의 약효가 발현될 가능성이 있는 후보화합물의 화학구조를 디자인한다. 이 방식으로 접근한다면 신약개발의 성공확률을 높일 수 있다.

과거의 신약개발 방식은 임의로 화합물을 합성하여 요행을 바라고 접근하던 방식이어서 시행착오가 너무 많았다. 약품디자인 개념으로 접근한다면 시행착오를 줄이고 시간과 돈을 절감할 수 있을 것이다.

원시인의 초근목피로 시작된 의약은 고도로 발달된 의학과 약학기술에 힘입어 보다 개선된 고성능 의약품으로 계속 개선되고 있다. 아직 완전하게 해결되지 못한 치료제 분야도 머지않은 미래에 해결될 것이라 생각한다.

히스토리

우리나라의 약은
어떻게 발전하였을까?

한반도에 언제부터 우리 민족이 살아왔는지 알 수 없지만 원시적인 의술이 존재했을 것이고 주술적인 요소가 가미된 원시적인 의인(醫人)이 의료행위를 했을 것이다. 기록문화가 있기 전 지구상의 어느 지역 어느 나라든 의약의 발전 형태는 비슷했으리라 짐작된다.

삼국시대-신라시대-고려시대

고구려, 신라, 백제의 삼국시대는 중국과의 접촉이 빈번해지면서 중국의 의약학이 본격적으로 도입된 시기다. 당시 중국은 우리보다 수준 높은 문화를 이루고 있었다. 《일본서기(日本書紀)》의 기록에 의하면 오나라의 지총(知聰)이 《내외전》, 《약서》, 《명당경》 등 의약서적 164권을 가지고 고구려를 거쳐 일본에 귀화했다고 한다. 그 후 많은 의약서들이 백제, 신라로 도입되었다. 통일신라시대에는 당나라와의 교류가 활발해져 사절의 왕래뿐만 아니라 학자, 승려가 당나라에 직접 유학하여 문물과 제도를 도입하게 되었는데, 이때 의학교육과 의료제도도 도입되었다. 이때는 수와 당의 의학에만 의존하지 않고 자체 의학수립에 힘썼고 《신라법사방》, 《신라법사비밀방》과 같은 자체 의약서도 편찬했다.

또한 효소왕 원년(692)에는 의학교육을 실시했다는 기록도 있다. 고려시대는 불교의 융성과 함께 인도 의약학의 영향을 많이 받게 되

었고 송나라의 의약학 지식도 많이 도입되었다. 이 시기에 아라비아 상
인들을 통해 서역, 남방열대산 약물이 수입되면서 그 지식이 우리나라
의약학 지식과 접목되어 점차 자주적으로 발전할 태세를 갖추게 되었다.

　우리나라에서 산출되는 약품, 즉 향약(鄕藥)에 대한 연구도 활발하게 이
루어져 고려 말기에는 자국산 향약을 사용하는 전문도서도 발간되었다.

우리나라 최초의 약초는?

　《삼국유사》에 기록되어 있는 단군신화를 보면 쑥과 마늘 이야기
가 나온다. 무리 3,000명을 거느리고 태백산에 내려온 환웅에게
곰과 호랑이가 찾아와 사람이 되기를 간청했다. 환웅은 쑥 한 다발
과 마늘 20개를 주면서 이것을 먹되 100일 동안 햇빛을 보지 않으
면 사람이 된다고 했다. 성미 급한 호랑이는 이를 지키지 못하고
도중에 뛰쳐나갔고 곰은 이를 지켜 여자의 몸, 즉 웅녀가 되어 훗
날 환웅과 결혼하여 아들을 낳는다. 이 아들이 바로 단군왕검이다.

　쑥과 마늘은 단순히 병을 치료하는 약초가 아니라 곰과 같은 짐
승을 사람으로 변화시킬 수 있는 초자연적인 효능을 지닌 약초를
상징한다. 왜 많은 식물 중에서 쑥과 마늘이 등장한 것일까? 과연
쑥과 마늘이 초자연적인 효능을 지닌 대단한 약초일까?

　쑥과 마늘은 우리 주변에서 흔히 볼 수 있으며, 우리 민족이 요긴

약학 여행을 위한
안내서

하게 사용하는 중요한 식품일 뿐만 아니라 중요한 약재이기도 하다. 쑥과 마늘의 대단한 효능은 현대 과학적인 연구로 인해 입증되고 있다. 얼마 전 미국에서 발표된 전 세계 10대 건강식품에 마늘이 첫째로 꼽힐 정도로 마늘의 효능이 대단하다는 것이 입증되었다. 마늘은 각종 성인병 예방과 치료에 사용되고 있고 그 용도는 계속 개발되고 있다.

쑥도 마찬가지로 여러 가지 약효가 밝혀졌다. 한여름 밤 마당에 가족이 모여 앉아 모깃불을 피울 때 모깃불의 원료가 바로 말린 쑥이다. 쑥은 모기가 싫어하는 성분을 갖고 있고 모기가 옮기는 말라리아병을 치료할 수 있는 성분이 있어서 이를 추출하여 말라리아 치료제를 개발하기도 했다. 또한 쑥은 뜸을 뜨는 데도 사용해 왔고, 예부터 소화불량에 쑥을 달여서 환약을 만들어 먹기도 했다. 이것은 쓴맛을 내는 고미성분과 유파린이라는 성분의 위염을 치료하는 효능 때문인데 동아제약에서 이 성분을 추출하여 신약으로 개발했다. 현재 알코올성 위염 치료제로 성황리에 판매되고 있다.

우리 조상들은 마늘과 쑥의 대단한 효능을 그 옛날 직감력으로 간파하여 건국신화에 등장시켰던 것이다. 우리 조상들의 직감력에 감탄할 뿐이다. 마늘과 쑥은 문헌에 기록된 우리나라 최초의 약초인 것이다.

《삼화자향약방》,《향약고방》,《동인경험방》,《향약혜민경험방》,《향약간이방》 등이 대표적인 저서들이다.

조선시대–일본식민지시대

조선시대에는 의료제도의 개혁과 의학교육에 관한 전문의약서 편찬이 집중적으로 이루어졌다. 세종대왕은 자주적인 의약학의 수립을 위해 고려시대 중반기부터 시작한 향약의 연구결과를 집대성해《향약집성방》을 편찬했다.

또한 우리나라에서 집대성된 의서로《동의보감》을 꼽지 않을 수 없다. 조선 중엽 선조대왕의 어의(御醫)였던 허준이 왕명에 의해 편찬을 시작해 15년에 걸쳐 완성한《동의보감》은 25권의 방대한 의서다. 동방의학의 백과사전이라 할 수 있을 만큼 당시 의술의 모든 것이 광범위하게 수록되어 있다.《동의보감》은 우리나라뿐만 아니라 중국, 일본에서도 명저로 평가받는다.

《동의보감》에 약재와 탕약처방에 대한 기록이 있다. 특히 중요한 것은 국산약재에 대해 약명을 한글로 기록했다는 점이다. 한의원에서 사용하는 한약뿐만 아니라 현대약학에서 다루고 있는 동물, 식물, 광물을 포함한 생약학의 기초가 되고 나아가 약재의 성분연구에 단초를 마련해 주었다고 평가하지 않을 수 없다. 한약의 현대화는 물론 이를 기초로 새로운 형태의 신약을 개

발하는 데 도움이 된 책이다.

　황도연과 그의 아들 황필수가 지은 《방약합편》은 《동의보감》 중에서 실용에 꼭 필요한 약방을 중심으로 그 약방에 대한 물리학적 지식을 더하여 의약인들이 쉽게 그 내용을 파악할 수 있도록 편집된 의약서다. 임상의들에게 환영을 받았고 오늘날에도 많이 이용되고 있다.

　다산 정약용은 우리나라에 종두법을 도입한 것으로 알려져 있다. 그

인삼 이야기

　인삼은 자타가 공인하는 우리나라의 중요한 약초 중 하나다. 인삼의 약효에 대한 최초의 기록은 중국의 의약서에 있지만 예부터 인삼의 본고장은 우리나라였고 고려인삼은 최상품으로 인정받았다.

　인삼은 원래 심산에 자생하는 식물로 이를 채취하여 약용으로 사용해 왔으나 자연산 인삼에 대한 수요가 증가해 자원이 고갈되어 인공재배가 시작되었다. 재배가 시작된 시기는 16세기경으로(선조시대) 알려져 있다. 재배 초기에는 개성, 금산, 풍기 등 재배지가 한정되어 있었다. 사계절이 뚜렷한 기후와 토양조건이 알맞아 전 지역이 품질 좋은 인삼을 재배하는 데 적절하여 지금은 전국 많은 지역에서 재배되고 있다. 인삼 재배기술도 발달되어 재배인삼도 산삼 못지않게 최상품으로 인정받고 있다.

는 다방면에 많은 저서를 남겼지만 의술에 대해서도 해박한 지식의 소유자로 알려져 있다. 《마과회통》이라는 저서에서 중국에 소개된 종두법을 인용하여 기술하고 있다. 옛날에는 마마라 불렸던 천연두는 어린이를 위협하는 매우 무서운 전염병이다. 피부나 점막에 천연두 특유의 물집이 생겨 병이 나은 뒤에도 곰보자국이 남으며 사망률도 15~30%로 높다.

영국 의사 제너가 이를 예방할 수 있는 예방접종약을 개발했다. 바이러스로 인해 발생하는 천연두를 예방하기 위해 독성을 약화시킨 바이러스를 제조하여 미리 접종하면 면역이 생겨 천연두 바이러스가 침입하더라도 전염병에 걸리지 않도록 예방할 수 있는 것이다. 예방접종용 천연두 바이러스를 피부에 접종하여 면역력을 얻는 방법을 종두(種痘)라 하며 이는 가장 효과적인 예방방법이다. 효과적인 종두법 시행으로 지금 우리나라에는 천연두가 근절된 상태다.

서양 의약의 전파

서양의학이 우리나라에 처음 전래된 것은 1876년 일본과의 수교조약이 성립된 이후 일본이 서울과 부산 등지에 자국민을 보호한다는 구실로 서양의학으로 치료하는 병원을 개설하고 의료사업을 실시한 데서 비롯되었다. 부산에 제생의원, 원산과 서울에 일본관의원을 설치하고 우리나라 사람들

도 이용할 수 있게 했다.

미국의학을 우리나라에 처음 전한 사람은 미국 선교사 알렌이다. 알렌은 1885년 한국 정부에 건의하여 왕립병원을 설립했다. 처음에는 광혜원이라고 했다가 제중원으로 이름을 바꾸었다.

1899년 사립의약교로 제중의학교가 설립되었으며 이후 세브란스 의학교로 이름을 바꾸고 1909년에 세브란스병원 의학교로 정부에서 인가를 받았다. 이것이 바로 세브란스 의과 대학 전신이며 지금의 연세대학교 의과 대학이다.

일본식민지 36년은 서양의학이 본격적으로 자리를 잡은 시기라고 할 수 있다. 의료업이나 의약업에 종사하는 사람도 세분화되었는데 서양의학으로 보건사업에 종사하는 사람을 의사, 한의학으로 시술하는 사람을 의생(醫生)이라 했다. 의사도 양지의사, 치과의사, 입치영업자 등으로 구분했다. 의약업에 종사하는 사람도 분화되어 약제사, 약종상, 제약업자, 매약업자 등으로 제도화되었다.

세브란스 의학교와 조선총독부의원의 부속의학강습소는 각각 의학전문학교로 승격되었고 1923년에는 6년제인 경성제국대학 의학부가 설치되었다. 이어 대구, 평양, 함흥에 4년제인 의학전문학교가 설치되었다.

한편 1915년에 1년제인 조선약학강습소가 설치되어 약학교육이 본격적으로 이뤄졌다. 1919년에 2년제인 조선약학교로, 그리고 1930년에 3년제인 경성약학전문학교로 승격되었고, 이는 해방 후 서울대학교 약학대학의 전신이 되었다.

당시 독일이 세계의학의 주도권을 갖고 있어 독일의학이 일본을 통해 간접적으로 수용되고 있었고 다른 한편으로는 미국 선교사를 통해 미국 의학이 동시에 수입되었다. 일제 강점기에도 많은 사람들이 일본, 독일, 미국 등지로 유학을 가서 선진 의료기술을 습득하고 돌아와 의약학 발전에 크게 이바지했다.

해방 후–현재

서양의학이 도입되기 전인 조선시대 말기까지는 질병에 따라 각종 약재를 혼합하여 사용하는 큰 틀에서의 한약이 유일한 치료제였다. 일제 강점기가 시작되기 전후부터 서양의학이 도입되면서 일본, 미국 등 선진 여러 나라로부터 새로운 개념의 의약품, 소위 양약(洋藥)이 수입되기 시작했다.

독일 중심으로 선진국에서는 약초로부터 유효성분을 분리하는 연구가 많이 수행되어 큰 성과를 거두고 있었고 그 후 식물성분학이 발전하여 질 좋은 의약품 생산에 기여하게 되었다. 약초에서 순수하게 분리된 단일제 치료제와 합성의약품, 그리고 단순히 먹거나 바르는 형태의 제형 이외에 주사제 등 투약방법이 다른 제형의 약들도 도입되었다.

1930년 전후로 본격적인 제약업이 시작되었다. 1929년 삼성제약소는 살충제 에프킬러를 제조, 판매하여 크게 성공했고, 1935년 유한양행은 한국 최초로 매독 치료제인 살바르산을 합성했다. 1939년에는 각종 주

약학 여행을 위한
안내서

사제를 자체 생산 판매하는 회사도 생겨났다.

　이러한 현대약학이 시작될 무렵 1945년 해방과 더불어 미군이 한국
에 상륙하여 군정이 시작되면서 많은 원조물자가 들어왔는데 그중에는
그때까지 우리가 알지 못했던 항생제, 설파제, DDT 등의 양약들이 쏟아
져 들어왔다.

　또한 제약업소가 많이 생겨나 의약원료를 수입해 자체적으로 제제화
하여 많은 종류의 의약품을 자체 생산하게 되었다. 의약원료를 선진국
으로부터 수입하여 제제화하는 제약산업은 1950년 6.25전쟁을 거치면
서 1980년대까지 답습되었다. 다만 제약산업에 대한 보건 당국의 규제
강화로 의약품의 질이 개선되었고 제제화기술은 선진국에 못지않게 발
전했다.

　특히 GMP(Good Manufacturing Practice), 즉 우수의약품제조관리기준
의 도입으로 약품생산 규격이 국제 수준에 도달해 국산의약품이 국제적
으로도 인정받게 되었다.

　1970년대 후반부터 선진국에서 개발한 의약원료를 한국에서 자체적
으로 합성하여 원료를 자체 조달하는 제약회사도 점차
생겨나기 시작했고 이로 인해 원료합성이 많이 발전했
다.

　그러나 이러한 행위는 특허권 위반이어서 국제적
으로 많은 비난을 받게 되었고, 1987년 국제특
허에 가입해 특허와 관련된 의약원료의 자체적
인 합성생산은 불가능하게 되었다.

　한편 그동안 축적된 의약원료합성기술을 바탕으로 1980년대 후반부터는 신약을 자체 개발하려는 움직임이 일어났다. 특히 유한양행이나 동아제약을 비롯한 대형제약회사들은 신약개발에 뛰어들었다.

　신약개발은 개발기간이 길고 많은 자본이 소요될 뿐만 아니라 성공률이 매우 낮은 분야다. 그래서 자본력이 약하고 개발경험이 전무한 우리나라 회사들에게는 접근하기 힘든 분야였다. 그러나 열악한 조건에서도 1999년 최초의 국산신약이 출시되었고, 현재까지 13개의 신약이 개발되어 판매 중에 있다.

히스토리

교수님과 함께 떠나는
약학 여행

우리에게 없어서는 안 될 학문, 약학으로의 초대

　한 알의 약으로 통증에 몹시 괴로워하는 사람을 고통에서 해방시키거나 알약이나 주사제 한 방으로 위태로운 생명을 건질 수 있다는 것은 참으로 멋진 일이다. 약학은 바로 그러한 약을 개발하기 위한 창조적인 학문이며, 약의 부작용이나 약효를 균형 있게 잘 판단해서 환자에게 가장 알맞은 약을 선택해 주는 약사를 배출해 내는 학문이다. 약학이 도전적인 21세기에 가장 잘 어울리는 학문임을 굳이 설명할 필요가 없을 것이다.

　최근 약학 대학에서는 변화가 일고 있다. 2009년부터 대학 과정이 4년제에서 6년제로 바뀌어 2011년에는 2년 이상의 수료생을 첫 입학생으로 맞았다. 의사의 처방전을 보고 처방된 약이 환자에게 적합한지, 약물 간의 상호작용에 의해 약효가 떨어지거나 부작용이 증가하는 것은 아닌지 등을 판단하여(DUR약물사용평가) 의사와 대화할 수 있는 능력 있는 약사를 길러내기 위한 내용들을 중심으로 교육 내용도 크게 변하고 있다.

정부는 우리나라를 이끌어 갈 신동력 산업의 하나로 신약개발을 선정한 바 있다. 이에 맞춰 대학의 교육 역시 고부가가치의 선진국형 지식 산업이라는 면에서 미래 산업을 이끌어 갈, 즉 신약개발에 중심이 될 수 있는 인재들을 육성해 내는 내용들을 강화하고 있는 것이다. 대학의 교육내용들도 이론수업뿐만 아니라 병원, 지역약국, 제약회사 현장실습, 신약개발을 위한 연구실습 등 자신의 진로와 직접적으로 관계되는 실습 위주의 학문 영역들로 이루어져 있다.

필수적인 교과목에 대한 내용을 살펴보면 제약산업과 의약품활용을 하기 위한 핵심과목으로 생화학, 미생물학, 약품분석학, 생약학을 들 수 있다. 이를 기본으로 하여 약물학, 독성학 및 예방약학(약물 약리작용, 임상응용, 부작용 및 질병의 예방), 약물치료학(약물치료의 요법), 조제학(처방에 따른 조제), 약제학(약의 제형), 신약을 개발하기 위해 필요한 유기제약 및 의약화학(약물의 합성과 구조활성과의 관계), 의약품 제조관리학, 의약품 품질관리학, 그리고 보건의료 및 약무행정, 약국경영(관리)학, 보건의약관계법규가 필수적이다. 기본적으로 실무실습을 해야 하는 분야는 지역약국, 병원약국, 제약산업, 의약품행정기관 등 크게 4개의 분야로 구성되며 이를 망라한 이론과 응용의 과목들을 통해 임상약사, 연구 및 제약직종약사, 사회행정약사 등의 역할을 수행한다. 21세기 미래 지향적 약사로 거듭나는 준비과정인 것이다.

교수님이 추천하는 약학 관련 책들

《알아야 할 약과 건강상식》 상·하권 | 권순경 지음 | 신일상사

일반적으로 과학에 관한 내용은 난해해서 재미없다고 느끼는 것이 보통이다. 약에 관한 글도 전문적인 내용이어서 독자가 읽고 이해할 수 있도록 글을 쓴다는 것은 저자들의 커다란 고민거리다. 이 책은 의약을 전공하지 않은 일반 독자들이 가능한 쉽게 이해할 수 있도록 전문적인 내용을 평이하게 풀어서 설명하고 있다.

여기 실린 내용은 일반인들의 약에 대한 올바른 이해를 돕기 위해 의약 관련 전문 주월간지에 게재되었던 글을 모아서 출간한 것이다. 처음부터 차례로 읽어도 좋고 독자가 흥미를 느끼는 제목을 골라 선별적으로 읽어도 좋다. 약과 관련된 흥미 있는 많은 지식을 얻을 수 있다.

《藥 이야기》 1·2·3권 | 한석규 지음 | 동명사

우리의 생활과 밀접한 관계가 있는 약과 관련된 내용을 대학에서의 강의경험을 토대로 설명한 책이다. 약 개발의 역사, 최신 의약정보, 그리고 쉽고 재미있는 에피소드에서부터 어느 정도의 전문지식을 필요로 하는 내용까지 모두 포함하고 있다. 주제별로 비교적 전문적으로 상세하게 설명하고 있는데 의학이나 약학에 관한 기본지식이 없더라도 자연과학에 대한 기초지식을 어느 정도 갖춘 사람이면 누구나 이해가 가능하도록 배려한 책이다. 다양한 주제를 독립적으로 다루고 있

어서 처음부터 차례로 읽어도 좋고 또는 독자가 흥미를 느끼는 제목을
골라 선별적으로 읽어도 좋다.

《생명과 약의 연결고리》 | 김성훈 지음 | 프로네시스

생자필멸(生者必滅)이라는 말이 있지만 생명을 가진 모든 유기체는
왜 죽어야만 하는가? 불로장생약은 만들 수 없는 것인가? 약학자가
아니더라도 이런 의문을 한번쯤 해 본 사람이 많을 것이라고 생각된
다. 인간의 생로병사 문제는 수많은 천재과학자들이 풀고자 노력해 왔
지만 아직까지 풀리지 않고 있는 인류의 난제다. 인체를 구성하는 성
분들과 생리조절 시스템은 복잡하게 작동하기 때문이다. 따라서 질병
을 치료하고자 투여한 약이 인체 내에서 어떻게 작동하는지를 예측하
기 어렵다. 이 책은 약과 관련된 일반적 상식을 인체 특성과 결부하여
설명하고 이를 통해 일반인들이 약의 실체를 쉽게 이해하도록 돕고 있
다. 최근 생명과학이 열어 보이는 미래의 신약개발 추세와 인류의 미
래를 엿볼 수 있을 것이다. 이 책은 약학을 전공하려는 학생뿐만 아니
라 의약학 대학 재학생이나 기타 자연과학을 전공하는 학생에게도 권
장할 만한 책이다.

《로잘린드 프랭클린과 DNA》 | 브렌다 매독스 지음 | 나도선 · 진우기 옮김 | 양문

이 책은 DNA 이중나선 구조발견에 결정적인 단초를 제공한 천재
여성과학자인 로잘린드 프랭클린의 전기다. DNA 구조발견의 공로를

인정받아 1962년 제임스 왓슨, 프란시스 크릭, 그리고 모리스 윌킨스
와 공동으로 노벨상을 받았다. 그러나 DNA 나선구조 발견의 숨은 공
로자인 프랭클린의 업적에 대해서는 아무도 언급하지 않았다. 3명의
노벨상 공동수상이 있기 4년 전인 1958년 프랭클린은 38세의 나이
로 요절했다. 프랭클린은 유태계 영국인으로 케임브리지 대학에서 물
리학을 전공했고 분자결정에 X선을 쐬어서 얻는 X선 회절을 통해 분
자의 3차원 구조를 밝혀내는 X선 결정학 전문가였다. 그녀는 윌킨스
가 이끌었던 킹스컬리지 DNA 연구팀에 들어가 1952년 DNA 분자의
이중나선 구조를 완벽하게 보여 주는 X선 사진을 찍는 데 성공했다.
노벨수상자들은 이 X선 사진에서 결정적 힌트를 얻어 이중나선 구조
모델을 구상하게 되었고 프랭클린의 동의 없이 발표했다. 이 책에는
DNA 이중나선 구조와 관련된 뒷이야기가 상세하게 서술되어 있다.
약학 전공을 선택하려는 학생뿐만 아니라 자연과학을 전공하고자 하
는 학생이나 재학생들에게도 일독을 권한다.

《알고 먹는 약 모르고 먹는 약》 | 김정환 | 다온북스

　우리가 약을 구입하는 경로는 다양하다. 가장 대중적인 경로는 의사
가 처방해 주는 처방전을 받고 약국에 가서 약을 구입하는 것이며, 약
국 외에도 편의점이나 해외사이트를 통해서 구입하는 방법이 있다. 약
은 질병에 효능이 있지만, 부작용을 동반할 가능성도 지니고 있기 때
문에 잘 알고 구입하는 것이 매우 중요하다. 이 책은 일상에서 마주하

게 되는 많은 증상과 그와 관련된 많은 약을 알기 쉽게 설명했다. 저자는 특정한 증상을 특정한 약으로 한정시키기보다는 나의 증상을 파악하고 나에게 맞는 약을 고르기 위해서 어떤 선택기준을 가져야 하는지 알려 준다. 항상 약사의 조언을 구하기에는 어려움이 있기 때문에, 가정에 상비약을 보관하듯이 이 책도 함께 보관하는 것을 추천한다.

《약사가 말하는 약사》 | 홍성광 | 부키

대부분의 사람은 약사들이 약국이나 제약회사 외에 주로 어떤 분야에서 일하는지 잘 모른다. 이 책은 약사가 병원, 제약회사, 공공기관, 시민단체뿐만 아니라 메디컬 라이터, 약국 인테리어 디자인 등 잘 알려지지 않은 분야에서 다채로운 역할을 수행한다는 것을 알려 준다. 26명의 약사가 본인들의 일터에 대해 독자로 하여금 이해하기 쉽게 설명한다. 한 명 한 명의 이야기가 오랜만에 만나는 고향 친구의 이야기를 듣는 것처럼 친근하고 부담 없기 때문에 맘 편히 읽을 수 있다. 직업 선택의 기로에서 고민 중인 학생들이나 약사라는 직업에 대한 구체적인 정보를 얻고자 하는 사람들에게 추천한다.

건강한 장수를 꿈꾸다

2000년, 65세 이상의 인구가 전체 7%를 넘어선 고령화시대
가 열렸다. 통계청에 따르면 이 같은 추세일 때 2022년에는 전체 인구
의 14%가 65세를 넘는 초고령 사회로 접어든다.

의학의 발달로 인간의 수명이 점점 길어지고 있다. 아마도 100년 후
에는 평균 수명이 적어도 150살은 넘으리라고 예측된다. 단순히 질병
을 치료하는 차원이 아니라 아예 처음부터 병에 걸리지 않게 예방하
고, 또 노화현상에 대한 이해가 커짐으로써 노화를 느리게 하거나 방
지하여 평균 수명을 두 배까지 늘릴 수 있다는 이야기다.

세계는 지난 수년 동안 암이나 당뇨, 치매 등으로 사망하는 사람들
의 세포를 집중 연구하고 이를 바탕으로 노화를 일으키는 유전인자
를 추출, 제거함으로써 '건강 100세'를 보장하는 신약개발에 성공하
고 있다. 이처럼 약학이 꿈꾸는 세상은 바로 모든 사람들이 건강하게
120세의 천수를 누리는 것이고 그러기 위해 늘 새로운 질병들을 치료

할 수 있는 획기적인 신약을 개발하고, 우수한 품질의 의약품을 제조하고 있다. 건강증진을 통한 인류의 삶의 질 향상은 21세기 약학과 약학 전공자에게 주어진 사명이다.

장수하는 비결에 단골로 등장하는 유기농 먹을거리 섭취와 적당한 운동 외에도 건강비결을 하나 더 추가한다면 바로 '건강하게 약을 복용하는 법'을 들 수 있겠다. 노인들은 한두 가지 혹은 서너 가지 약을 한꺼번에 복용하기 때문에 오래 살기 위해서는 약도 건강하게 복용해야 한다. 아무리 좋은 약이라도 잘못된 복용은 노쇠한 몸에 큰 타격을 입힐 수 있다. 노인들이 건강하게 약물을 복용하도록 하는 것도 약학 전공자의 역할이다.

Happy drug, 약의 개념이 바뀌어 가고 있다!

나이가 들면 무성하던 머리카락이 점점 빠져 대머리가 되거나 나날이 늘어나는 주름살, 늘어만 가는 체중으로 한숨 멎을 날이 없어진다. 이러한 것들이 생명을 직접적으로 위협하지는 않지만 개선이 된다면 보다 행복하고 나은 삶을 누릴 수 있을 것이란 사실에는 이견이 없을 것이다. 이처럼 상태를 개선해 줌으로써 삶의 질을 획기적으로 향상시키는 데 기여하는 의약품들을 소위 'Happy drug' 또는 'Lifestyle drug'라고 부른다. 예전에는 의약품이 질병을 치료하고 예방할 목적으로만 사용되었지만, 이제는 삶의 질을 향상시키는 용도로써 요긴하게 쓰이고 있는 것이다. 미래에는 이처럼 삶을 보다 편리하고 간편하게 하기 위한 약들도 개발될 것이다. 건강하게 오래 살기 위한 조건에는 신체의 건강뿐 아니라 마음의 건강까지 보장되어야 한다. 스트레스 요인들을 없애고 생활을 편리하고 즐겁게 만드는 것, 약학의 역할은 그야말로 무궁무진하다.

라이프스타일 드러그 시대!

요즘은 그야말로 라이프스타일 드러그 전성시대다. 삶의 질을 개선하기 위해 병원을 찾거나 약을 복용하는 사람들이 늘고 있기 때문이다. 라이프스타일 드러그는 '삶의 질(QOL, Quality Of Life) 개선제', '웰빙 의약품' 등으로 불리기도 한다. 병을 치료한다는 전통적인 약의 개념에서 벗어나 그야말로 사람들의 행복지수를 높여 주는 약인 것이다. 라이프스타일 드러그 시장이 각광을 받기 시작한 것은 소득수준이 향상되었기 때문인데, 의식주 등의 문제가 해결되면 사람들은 좀 더 여유를 가지고 나은 삶을 추구하기 마련이다. 소득수준이 향상되고 보다 나은 삶에 대한 욕구가 강해질 미래에는 라이프스타일 드러그 시장이 더욱 확대될 것이다.

하지만 중요한 것은 해피 드러그 역시 결국은 약물이라는 사실을 간과해서는 안 된다는 점이다. 약물이기 때문에 해피 드러그는 결국 특정 범위에서만

작용하는 것이고 부작용 역시 필연적으로 따를 것이다. 불면증 환자가 수면제를 먹는 건 결국 단기적인 처방일 것이고 규칙적인 생활과 적당한 운동이 궁극적인 해결책이 되듯이 해피 드러그는 삶의 질 향상의 궁극적인 목적이 아닌 수단이 되어야 할 것이다.

우리 제약회사들의 라이프스타일 드러그 개량 신약에는 어떤 것들이 있을까?

발기부전 치료제나 비만 치료제를 비롯, 피로 해소와 노화 방지 등에 효능이 있다는 호르몬 주사제, 마늘 주사, 탈모 치료제 등 그 종류는 정말 다양하다. 종류별로 어떤 제품들이 개발되었는지 살펴보자.

비만 치료제

국내에서 개발된 비만 치료제로는 한미약품의 '슬리머', 동아제약의 '슈랑거', 대웅제약의 '엔비유', 유한양행의 '리덕타민', 종근당의 '실크라민' 등이 있다. 대부분 리덕틸의 성분인 '시부트라민'을 주성분으로 사용한 것이다. 시부트라민은 포만감을 높여 식사량을 조절하는 데 도움이 되며 지방세포의 에너지 소모를 증가시켜 체중 감량을 유도한다. 3개월 내에 체중의 5% 정도가 줄어들지만 개인차는 있다.

탈모 치료제

먹는 탈모 치료제에는 탈모를 유발하는 남성 호르몬을 억제하는 '피나스테리드' 성분을 함유하고 있다. 한미약품의 '피나테드정'과 유한양행의 '페로시아'가 대표적인 약이다. 이들은 모두 높은 인기를 얻으며 대표적인 라이프스타일 드러그로 불린다. '피나스테리드'가 먹는 성분인 반면 바르는 성분인 '미녹시딜'을 이용한 제품도 많이 나오고 있다. 처방을 받지 않아도 구입할 수 있는 일반의약품으로 한미약품의 '목시딜', 중외제약의 '볼드민', 태극제약의 '모바린' 등이 있다. 특히 현대약품의 '마이녹실'이 유명하다.

교수님과 함께
떠나는 약학 여행

노화 방지제

호르몬제와 비타민제, 태반주사 등 다양한 제품이 노화 방지 제품으로 판매되고 있다. 이 제품들은 갱년기에 접어든 연령층을 위한 것으로 피로 해소 등에도 효과가 있다. 대표적인 제품으로 녹십자의 '푸르설타민'이 있다. 일명 '마늘 주사'로 불리는데, 마늘에 풍부하게 함유돼 있는 비타민B1 주사제다. 피로 해소와 체력 증진에 효능이 있다. 피로를 유발하는 젖산을 에너지원으로 전환시켜 준다. LG생명과학의 성인용 성장호르몬(SR-hGH)제인 '디클라제'도 인기다.

발기부전 치료제

발기부전 치료제는 라이프스타일 드러그의 대표선수라고 해도 과언이 아니다. 얼마 전까지만 해도 외국계 제약사들의 제품이 대부분이었지만, 최근엔 우리나라 업체들이 개발한 신약들이 인기를 얻고 있다. 동아제약의 '자이데나', SK케미칼의 '엠빅스', 종근당의 '야일라'가 바로 그 주인공이다. 동아제약의 '자이데나'는 눈 충혈 등의 부작용을 최소화하고 효과를 높였다고 하여 발매 1년 만에 시장점유율 20%를 차지하는 등 큰 인기를 끌고 있다. 종근당의 '야일라'는 비아그라처럼 발기를 억제하는 'PDE5' 효소를 억제하는 원리를 이용한 것이다. 비아그라보다 PDE5 억제력이 10배나 강한데다 고혈압, 당뇨병, 척추 손상 환자들 등 발기부전 치료제의 효과가 적었던 이들에게도 잘 작용한다고 한다. SK케미칼의 '엠빅스'는 국내 13번째 신약이다.

우리나라 의약기술 수준은 세계 몇 위일까?

우리나라의 의약품기술 수준은 어느 단계에 와 있을까? 다음의 표에서 볼 수 있듯이 분야별 개발 단계의 각종 기술 수준은 최고 보유국의 수준에 많이 근접해 가고 있다. 약학 전공자들이 〈사이언스〉, 〈셀〉, 〈네이처〉와 같은 세계 최고 수준의 학술지뿐만 아니라 SCI급 학술지에 논문을 게재하는 빈도도 많이 늘고 있고, 식약처의 허가를 받은 국내 신약도 벌써 13개나 된다. 지금도 허가를 받기 위한 심사가 진행 중인 의약품들도 있음을 고려해 볼 때, 분야별로 최고 기술 수준을 보유하게 될 날이 얼마 남지 않았다는 기대를 할 수 있다.

우리나라 보건산업기술 수준
(출처 : 2011 한국보건산업진흥원—보건산업기술수준조사)

한국인 주요질병 극복기술	최고 기술 보유국 대비	
	전반적 기술 수준(%)	기술 격차(년)
암	50.4	13.4
장기손상	45.1	11.0
치매	44.9	14.4
정신장애	40.1	16.9
심뇌혈관 질환	40.4	18.3
알레르기 질환	35.7	19.6
신변종 감염성 질환	62.1	6.9
건강장수, 삶의 질(노인성 질환)	47.7	14.1

교수님과 함께
떠나는 약학 여행

대사성 질환	49.7	12.4
저출산(불임)	83.9	6.0
미래 보건 의료 신성장동력기술	–	–
재생의료기술	54.1	11.0
의료정보/u-Health 기술	65.0	6.6
임상시험기술	63.4	14.1
맞춤의료기술	44.3	10.8
첨단의료기기 개발기술	51.3	10.8
나노융합의료기술	48.7	11.6
인체 안전성/위해성 평가기술	72.5	6.2
한의학/천연물신약 관련 기술	58.8	12.7

미래를 이끌어 갈
신동력 제약산업과 신약개발

　우리 앞에는 아직도 극복하지 못한 불치병, 난치병, 만성병이나 암 등이 도사리고 있다. 이러한 많은 질병을 극복하기 위해서는 새로운 치료학적 개념과 과학적 지식을 더한 새로운 약물, 즉 신약의 개발에 기대를 걸 수밖에 없다. 신약개발을 통한 질병 치료의 극복과 학문의 발전은 사람을 대상으로 연구하는 약학과학자들에게 주어진 최대·최고의 사명이다. 더욱이 최근에는 기초학문과 과학기술의 발달, 신약개발에 중요한 첨단 기기의 발전이 이루어지고 있고, 활기를 띠고 있는 줄기세포(stem cell) 연구나 개인에 대한 유전자지도가 완성됨에 따라 유전자와 관련된 맞춤형 의약품 개발이나 신약개발에 대한 기대도 그 어느 때보다 크다. 또한 한미 FTA 체결을 계기로 글로벌 FTA 시대가 도래하면서 글로벌 시장에서 경쟁력을 가진 블록버스터급 신약개발이 시급한 과제로 등장했다. 블록버스터급 신약은 특정 질병치료에 제1의 선택약이며 전 세계 시장에 통용될 수 있는 효능을 가진 약이기 때문에 소위 황금알을 낳는 거위에 비유되기도 한다. 정부도 글로벌 신약개발을 위한 많은 지원 정책에 노력하고 있으나 글로벌 블록버스터 신약개발은 달성하지 못하고 있다.

국내 제약산업은 제조업의 기능을 유지하면서 국민들에게 우수한 제네릭의 약품을 공급하며 신약 17개를 출시하는가 하면, 세계시장으로 나아가기 위한 부단한 노력을 하고 있다. 하지만 수백 개의 제약회사들이 난립하고 있고 인프라나 연구개발 투자에 한계가 있으며 매출 1조 원이 넘는 제약회사가 없는 등 수출 위주의 산업으로 나아가지 못하고 있어 글로벌 신약개발을 향한 많은 노력이 요구되고 있다. 그렇기 때문에 차세대 약학도들은 아직 이룩하지 못한 꿈을 달성할 수 있는 당당한 목표와 비전을 가지고 새로운 도전을 할 수 있기를 기대한다.

국내 제약산업의 현황

제약산업의 가장 큰 특징은 미래지향적인 지식산업으로서 다양한 과학기술과 경험을 바탕으로 하는 종합과학이자 고급 일자리를 창출하고 있다는 점이다. 또한 신종플루 사례에서 볼 수 있듯이 안보산업이면서 고부가가치를 창출할 수 있는 미래 전략산업이다. 정부도 최근 「제약산업 육성 및 지원에 관한 특별법」에 근거한 구체적 시행방안을 마련하거나 범부처신약개발 육성 등으로 많은 노력을 기울이고 있다. 그러나 현재 국내 제약산업은 지속적인 성장에도 불구하고 1,000억 원 이상의 매출을 올리는 회사가 35개 이하로, 생산규모가 낮고 국가총생산에서도 낮은 비율을 차지하고 있으며 내수 위주의 적자 수출산업으로 연구개발 투자비율도 낮은 편이다. 그러나 자국 제약산업의 기능을 유지하면서 품질이 우수하고 가격은 저렴한 의약품을 생산·공급함으로써 국민건강증진에 기여해 온 것 또한 사실이다. 아직 글로벌 블록버스터 신약은 출시하지 못하였지만 그동안 제약산업은 제조시설 및 품질관리를 위한 다양한 인프라 구축과 약 17개의 국산신약을 개발하였고 글로벌 시장을 향한 신약연구 개발 경험과 기술 축적을 통하여 그 미래는 매우 밝은 편이다.

완제품을 생산하는 국내 제약사는 265개사이며 국내 의약품 생산규모는 2009년 말 기준으로 약 14.8조 원으로 국내총생산(GDP, 1,063조 원)의 약 1.39% 수준이다. 이 중 완제의약품 생산규모는 총 13조 2,000억 원이고 전문치료의약품이 80.9%로 대부분을 차지하고 있다. 제약산업 인적자원 현황을 보면 2009년 말 현재 8만 1,227명의 인력이 종사하고 있으며, 직군별로 사무직(19.61%), 영업직(33.88%), 연구직(10.65%), 생산직(30.02%), 기타(5.88%)의 비율을 보이고 있다. 2004년 대비 영업직은 35.27%에서 33.88%로 줄어들고, 연구직은 8.75%에서 10.65%로 늘어나고 있는 추세임을 고려할 때 연구개발에 대한 투자 및 의지가 점차 증대하고 있음을 알 수 있다.

의약품 시장구조를 살펴볼 때 제약산업은 상위 소수 제약기업에 의해 주도되고 있다. 2009년 기준으로 매출액이 3,000억 원 이상인 제약회사는 16개 사이며, 2011년 기준으로 상위 6개 사가 생산액의 25%를 차지, 20개 사가 완제의약품 생산액의 53.2%를 점유하고 있다. 2009년 의약품 생산실적을 기준으로 상위 10대 기업의 생산규모는 총 4조 8,359억 원으로 전체의 36.18% 수준이며 매출액 기준으로 상위 10대 기업(국내 및 다국적사)의 매출규모는 총 5조 3,026억 원 수준이다. 다국적사는 제약시장의 상당히 많은 전문의약품 약효군에서 독과점적 지위를 차지하고 있으며 2010년도 기준 국내 매출 상위 10개 전문의약품 중 8개 품목을 다국적 제약사가 차지한다. 한편 2009년 기준 일반의약품 시장에서는 상위 20개 품목 중 80%인 16개 제품을 국내제약사들이 보유하고 있다.

국내제약사들은 일부 제약사들을 제외하면 대부분 연구개발보다는 영업과 마케팅에 주력하고 있으며 아직은 글로벌 수준의 혁신 신약을 개발하기에 영세한 규모라 할 수 있다.

국내 신약개발의 현주소!

신약개발의 역사

우리나라의 제약산업은 1899년 동화약품의 활명수가 최초의 근대적 의약품으로 등장한 이후 1950년대까지 완제의약품을 수입·판매하는 수입의존단계를 지나 1960년대에 이르러 본격적인 투자로 기초 기술 확립과 수입원료 및 완제제조가 이루어졌으나, 외국으로부터 대부분의 기술이 도입되는 한계가 있었다.

1970년대에는 수입대체단계로 많은 원료합성이 이루어졌으며 이때 페니실린계 항생제 위주의 합성기술 개발을 필두로 고전적 기법을 이용한 아미노산 발효 기술이 활용되었고 1980년대에는 기술자립 기반확보를 위한 많은 국가 지원 및 제약연구소 등이 설립되었다. 1987년에는 물질특허 도입 및 지적재산권으로 신약에 대한 연구의 필요성이 크게 대두되고 다양한 범정부적인 지원정책에 힘입어 신약연구개발에 대한 산학연 신약개발 협동연구가 확산될 수 있었다. 1997년 IMF로 의약품 시장이 위축되긴 하였으나 국내 최초의 독자 신약인 SK케미컬의 선플라 항암제가 개발되었다. 2000년 의약분업을 통하여 처방과 조제행위가 분리되었고 전문의약품과 일반의약품에 대한 제약산업의 크나큰 시장 변화가 초래되었다. 2003년, 미국 FDA에 LG생명과학의 항생제인 팩티브가

교수님과 함께
떠나는 약학 여행

신약 최초 등록이 되었고 2006년부터는 혁신제약기업의 대형화 움직임과 바이오테크기업의 기술 및 자본축적으로 연구 중심 중소제약기업화가 시작되었다. 또 다국적 제약기업과의 글로벌 공동 연구와 해외바이오테크기업의 조인트 벤처기업 설립, 바이오산업이나 제약산업 및 생명공학(BT)과 NT, IT 분야와의 융합 및 공동연구의 가속화가 이루어지기 시작하였다. 2011년 현재 세계 13위 제약시장을 유지하며 신약개발국으로서 꾸준한 발전을 하고 있으며 특히 한미 FTA 체결 등 보다 개방된 세계제약시장에서 독점적 기술개발 및 해외진출을 통한 글로벌 제약의 도전 시기에 이르렀다.

지금까지 국내 제약사들의 신약개발은 계속되어 왔다. 우리나라의 최초의 신약은 1999년 SK제약이 개발한 헵타플라틴(heptaplatin)이라는 항암제인 선플라이다. 이후 신약 허가 품목 수는 점차 증가되어 다음 표에서 보는 바와 같이 29개 품목이 허가되어 판매되고 있다.

국산신약의 사례

(출처 : 한국신약개발연구조합—국내개발신약 허가현황)

회사명	제품명	주성분	효과 · 효능	허가일자
SK케미칼㈜	선플라주	헵타플라틴	항암제(위암)	1999. 7. 15
㈜대웅제약	이지에프외용액	인간상피세포성장인자	당뇨성 족부궤양	2001. 5. 30
동화약품공업㈜	밀리칸주	질산홀뮴-166	항암제(간암)	2001. 7. 6
JW중외제약㈜	큐록신정	발로플록사신	항균제(항생제)	2001. 12. 17
㈜LG생명과학	팩티브정	메탄설폰산제미플록사신	항균제(항생제)	2002. 12. 27
구주제약㈜	아피톡신주	건조밀봉독	관절염 치료제	2003. 5. 3
CJ제일제당㈜	수도박신주	건조정제슈도모나스백신	농구균예방백신	2003. 5. 28
㈜종근당	캄도벨정	벨로테칸	항암제	2003. 10. 22
㈜유한양행	레바넥스정	레바프라잔	항궤양제	2005. 9. 15
동아제약㈜	자이데나정	유데나필	발기부전 치료제	2005. 11. 29
부광약품㈜	레보비르캡슐	클레부딘	B형간염 치료제	2006. 11. 13
대원제약㈜	펠루비정	펠루비프로펜	골관절염 치료제	2007. 4. 20
SK케미칼㈜	엠빅스정	미로데나필염산염	발기부전 치료제	2007. 7. 18
일양약품㈜	놀텍정	일라프라졸	항궤양제	2008. 10. 28
보령제약㈜	카나브정	피마살탄칼륨삼수화물	고혈압 치료제	2010. 9. 9
신풍제약㈜	피라맥스정	피로니리딘인산염, 알테수네이트	말라리아 치료제	2011. 8. 17
JW중외제약㈜	제피드정	아바나필	발기부전 치료제	2011. 8. 17
일양약품㈜	슈펙트캡슐	라도티닙염산염	항암제(백혈병)	2012. 1. 5
㈜LG생명과학	제미글로정	제미글립틴타르타르산염	당뇨병 치료제	2012. 6. 27
㈜종근당	듀비에정	로베글리타존 황산염	당뇨병 치료제	2013. 7. 4
카엘젬백사	리아백스주	테르토모타이트염산염	항암제(췌장암)	2014. 9. 15

교수님과 함께
떠나는 약학 여행

회사명	제품명	주성분	효과·효능	허가일자
크리스탈지노믹스㈜	아셀렉스캡슐	폴마콕시브	골관절염 치료제	2015. 2. 5
동화약품㈜	자보란테정	자보플록사신D-아스파르트산염	퀴놀론계항생제	2015. 3. 20
동아에스티㈜	시벡스트로정	테디졸리드포스페이트	항균제(항생제)	2015. 4. 17
동아에스티㈜	시벡스트로주	테디졸리드포스페이트	항균제(항생제)	2015. 4. 17
동아에스티㈜	슈가논정	에보글립틴타르타르산염	경구용혈당강하제	2015. 10. 2
한미약품㈜	올리타정	올무티닙염산염일수화물	표적항암 치료제	2016. 5. 13
일동제약㈜	베시보정	베시포비르	만성B형간염 치료제	2017. 5. 15
코오롱생명과학㈜	인보사케이주	'TGF-β 1유전자'가 도입된 동종연골유래연골세포	골관절염 치료제	2017. 7. 12

미래를 향한 글로벌 신약개발

세계 의약품 시장 규모는 2009년 8,370억 달러를 기록하였으며 2020년 약 1조 3000억 달러 규모를 예상하고 있다. 국내 제약산업은 2011년 현재 세계의약품 시장에서 13위를 차지하고 있다. 앞으로 국내 제약산업을 연구개발 중심으로 선진화하여 신약개발의 중심에 서도록 해야 할 것이다. 또한 해외시장 진출을 통한 국부의 창출에도 적극적인 방안이 강구되어야 할 것이다.

일반적으로 신약연구개발 과정은 평균 15년이 소요된다. 신약 후보 물질 탐색에 평균 6년, 동물실험을 포함한 전 임상시험에 평균 3년, 이후 완성된 시제품의 임상시험을 평가하는 임상 I상, II상, III상을 포함한 임상시험에 평균 5년을 거친 후에야 비로소 식약처에서 신약 허가를 받게 된다. 또한 시판 후 임상 평가에도 평균 1년 정도가 소요되어 총 15년에 걸쳐 하나의 신약이 탄생하는 것이다. 하지만 이러한 과정에서 임상적 유효성이나 안전성 문제로 인해 대다수의 의약품 후보들이 성공을 거두지 못한다. 현재 국내에서는 대형 제약기업을 중심으로 신약개발을 위한 연구개발비 투자를 증액하고 있는 추세이나 다국적 제약기업들의 연구개발비에 비해서는 아직도 매우 미미한 수준이다.

이러한 사정으로 인해 세계적으로 신약연구개발을 주도하고 있는 국가는 미국, 영국, 일본, 독일, 프랑스, 스위스 등 10여 개 국가에 지나지 않는다. 현재 시판 중인 주요 신약들은 이들 국가들로부터 개발된 것으로, 이 가운데 미국이 절반을 차지하고 있고 상위 20개 다국적 제약기업이 전체 개발 중인 신약의 30%를 보유하고 있다. 세계 시장을 리드하는 다국적 제약회사를 살펴보면 화이자, 글락소 스미스클라인, 머크, 존슨앤드존슨, 사노피아벤티스, 아스트라제네 카, 노바티스, 브리스톨 마이어스 스퀴브, 와이어스, 엘리 릴리 등이 있다. 이들 다국적 제약기업들은 독점적 신약을 세계시장에 공급함 으로써 막대한 이익을 얻고, 이러한 수익을 다시 연구개발에 재투자 하는 선순환적 구조의 신약개발 경쟁력을 강화하고 있다.

그럼 왜 대한민국의 글로벌 신약개발이 어려운가? 많은 요인이 있 겠지만 의약품 개발에 필요한 원천기술 및 지식융합의 한 계를 들 수 있다. 또한 의약품 개발 업무의 혼재 및 체계 화 부족, 인재 및 교육 등 인프라의 한계(마케팅, 영업, 국 제화 등)도 주요 요인이다. 또한 신약개발에 대한 정부 정책의 비효율화와 의약품 개발 후의 약가 책정 문제가 큰 요인으로 지적되고 있다. 따라서 다양한 의약품 연구 개발 요인들을 총체적으로 기획하고 미래 전략 및 정책, 연구방향 수립 등을 효율적으로 조절할 수 있는 종합 컨트롤 타워인 의약품연구원(Drug Research Institute)의 설립을 고려해 볼 수 있을 것이다.

　한미 FTA 체결 이후 국내 제약산업의 환경 변화는 글로벌 시장에서의 블록버스터급 제품개발 경쟁력 전략의 강화를 요구하고 있다. 한미 FTA 의약품 분야 협상 결과를 살펴보면 오리지널사의 지적재산권 보호 강화와 권리 보호에 초점을 맞추고 있어 상대적으로 자체 신약이나 오리지널 의약품의 보유율이 떨어지는 국내 제약기업 입장에서는 부정적인 손실이 예상되고 있다. 제네릭 의약품은 필요하긴 하지만 약가의 인하와 수익성이 악화됨으로써 위축될 전망이다. 그러나 제약산업의 활성화 방안은 보다 적극적인 신약개발 환경의 조성이다. 신약개발은 고부가가치 제품 확보와 함께 산업재산권을 확보할 수 있으며 기술 축적과 제품 수출에 기여할 수 있는 제약산업의 선순환적인 구조조정을 달성할 수 있는 매우 강력하고 미래 지향적인 분야이기 때문이다. 정부도 그동안 기업주도의 신약연구개발 투자와 전인상, 임상시험 중심의 연구개발을 지원 확대하여 왔다. 최근 제약산업 육성 및 지원에 관한 법률이나 범부처신약개발 육성 등 다양한 연구개발 역량강화 정책과 글로벌 생산시설 확충 등 제약 인프라 구축과 수출화를 위한 노력을 강구하고 있다.

우리나라 신약개발 방향

인구 고령화 추세에 따라 치매, 중풍, 파킨슨병 등의 노인성 질환이 세계적으로 급증하고 있으며 WHO는 2020년이 되면 고혈압, 당뇨나 관절염 등의 만성 질환이 세계질병의 70%를 차지할 것으로 전망하고 있다. 따라서 국내의 미래 신약개발 연구 전망은 매우 밝은 편이다. 아직은 글로벌 수준의 혁신 신약을 개발하기에 영세한 규모라 할 수 있지만 제네릭 위주의 산업에서 혁신신약 혹은 개량신약 등의 지식과 아이디어가 융합된 의약품 연구개발을 중심으로 하여 인프라를 구축, 신약 연구자를 양성함으로써 신약개발의 중심에 서도록 해야 한다. 또한 지식에 바탕을 둔 혁신의약품을 연구하여 해외시장 진출에도 적극적인 방안을 강구하도록 해야 할 것이다.

최근 언론에서는 바이오시밀러나 바이오베타 등에 대한 발전 가능성을 언급하긴 하지만 아직은 그 실체가 불분명하며 성공여부도 불확실하다. 따라서 화합물로부터 많은 신약 파이프라인을 구축하는 것이 보다 바람직하다. 최근 많은 신약개발과 더불어 주목할 만한 분야가 개량신약(IMD)이다. 개량신약은 특허가 만료된 기존의 신약성분을 새로운 기술 및 지식을 바탕으로 용법·용량, 투여경로 변경, 용해도나 흡수율의 향상을 위한 제제개선, 화학적 구조변경 혹은 새로운 효능·효과를 추가하거나 복합제 등으로 변경하여 유효성을 극대화한 의약품이다. 개량신약 연구 개발은 미래 혁신 신약개발의 기술축적을 위한 중간 단계로써 의의가 있으며 국내 제약사들은 최근 많은 개량신약에 대한 가시적 성공을 거두고 있다. 많은 위험 요소가 있는 혁신신약 연구개발에 비하여 개량신약 연구는 대체로 실패 확률이 적고 제제 기반 기술 및 우수한 인력이 확충되어 있어 한국적 제약환경에 가장 합당하며 향후 국제화 및 글로벌화의 전략적 분야로 연계할 수 있다. 또한 정부도 지원 및 투자 의지가 확고하다.

개량신약은 제네릭에 비하여 기술과 임상적 유용성이 개선되었으면서도 오리지널 의약품에 비하여 의약품 가격이 상대적으로 낮다. 실례로 다국적 제약회사인 애보트는 비만 치료제인 '리덕틸'의 개량신약인 한미약품의 '슬리머'가 식약처로부터 품목허가를 받은 것을 계기로 리덕틸의 가격을 40% 인하하였는데 이는 제제개발, 즉 제네릭 의약품이나 개량신약의 개발이 상대적으로 비싼 오리지널 의약품의 가격을 떨어뜨려 보다 많은 환자들이 저렴한 가격에 필요한 약을 사용할 수 있게 해 준 한 예가 된다. 따라서 그동안 제네릭에 치중했던 국내 제약산업은 개량신약을 통하여 연구개발 및 수출화의 기초를 다지고 향후 혁신신약개발을 향한 통큰 혁신제약 모델로 나아갈 수 있도록 해야 할 것이다.

제네릭, 개량신약 및 신약에 대한 단계적 연구개발

용어사전

신약(new medicine)

신약이란 일반적으로 물질특허에 의해 보호를 받는 새로운 구조의 약물을 말하지만 국가별로 신약에 대한 정의는 각각 다르다. 우리나라 약사법에는 화학구조나 본질 조성이 전혀 새로운 신물질의 약품 또는 신물질을 유효성분으로 함유한 복합제제 의약품으로서 식품의약품안전처장이 지정하는 의약품을 말한다. 미국 FDA에서의 신약은 반드시 성분이 화학적으로 새로운 것이어야 하는 것은 아니며 이미 승인된 약의 용량을 강화한 것이나 처방 혹은 제조방법을 변경하였을 경우에도 신약이라고 부른다. 즉 전문가들이 볼 때 권장된 사용조건에서 안전하고 유효하다고 인정할 수 없는 약은 모두 다 신약으로 보고 있다.

천연물신약(botanical drug)

국내 천연물신약연구개발촉진법에 의하면 천연물신약은 천연물 성분을 이용하여 연구개발한 의약품으로 조성성분, 효능 등이 새로운 것을 말한다. 천연물신약의 영문 표기는 유럽에서는 herbal medicinal product로, 미국 FDA에서는 botanical drug로 각각 명명하고 있다.

개량신약(incrementally modified drug) 혹은
수퍼제네릭(Supergenerics)

미국 FDA에서는 신약의 한 분류로서 신물질신약(new molecular entity)과 대비되는 개념으로 개량신약을 구분하고 있다. 개량신약이란 국내에서도 법적으로 정의된 용어로, 이미 개발되어 사용하고 있는 의약품에 신기술을 접목하여 새로운 염을 부가하거나 이성체 등 화학적 구조의 변경, 새로운 효능효과를 추가, 기존의 투여경로나 제형(의약품 형태)의 변경, 기존함량의 증감이나 복합제를 제조함으로써 본래의 유효성과 안정성이 보다 개선된 의약품을 통칭한다. 미래 글로벌 신약을 향한 노력은 계속되어야 하지만 개량신약은 혁신 신약개발의 기술축적단계로서 대체로 기반 기술 및 우수한 인력이 확충되어 있고 한국적 제약환경에 가장 타당한 환경이기 때문에 국내 제약산업의 성장동력으로 부상하고 있으며 글로벌 수출화 전략을 위한 주요 기반이 될 수 있다.

제네릭 의약품(generics, generic medicine)

제네릭 의약품이란 신약 또는 국내 최초 허가된 원개발사 의약품과 주성분, 함량, 제형, 효능·효과, 용법·용량이 동일한 의약품으로서, 물질특허가 만료된 이후 신약 또는 원개발사 의약품과 의약품동등성시험을 거쳐 동등성이 인정된 의약품을 말한다. 이때 실시하는 의약품동등성시험은 생물학적동등성시험, 비교용출시험, 비교붕해 등 기타시험의 생체내의 시험이 있다. 제네릭 의약품은 국민들에게 값싸고 우수한 의약품을 공급하기 위한 내수 시장에 꼭 필요하지만 오리지널 의약품과의 기술력과 국제 경쟁력의 한계가 있다.

한국 바이오의 길을 열고
미래를 그리다

1970년대 미국 학자에 의하여 최초로 성공한 유전자재조합기술이 우리나라 언론매체를 통하여 소개된 것이 1980년대 초다. 소위 유전공학으로 알려진 이 기술이 산업화되었을 때 사회경제에 미칠 막대한 영향을 전망하고 선진 각국이 이 분야의 선두주자가 되기 위하여 치열한 경쟁을 벌이고 있을 그런 때였다.

그러나 당시 우리나라에는 유전공학 분야를 연구하거나 관심을 가진 과학자 수는 손꼽을 정도였고 산업체는 거의 관심이 없었다. 이같이 30여 년 전 우리나라의 유전공학 기반은 거의 황무지와 같았다. 그러나 그사이 학계, 산업계 그리고 정부의 적극적인 육성정책으로 유전공학이 생명공학으로 그리고 바이오산업으로 발전하게 되었고, 이제는 국제수준에 이를 만큼 경이롭게 성장하였다.

바이오기술은 적용되는 분야에 따라 의약바이오(Red BT), 산업바이오(White BT), 농식품바이오(Green BT), 그리고 융합바이오(Fusion

BT) 등으로 구분하고 있으며, 피의 색깔을 의미하는 Red BT(의약바이오) 분야가 가장 큰 시장을 형성하고 있다.

의약바이오 시장 현황

의약품은 성분에 따라 화학합성의약품(저분자의약품)과 바이오의약품으로 크게 분류하고 있으며, 최초로 승인된 의약품인 신약에 비해 효능 등이 개선되었거나 신약의 특허가 만료되어 개발된 복제의약품에 대한 명칭에 있어 차이가 있다(표 1).

(표 1) 의약품의 구분

구분	화학합성의약품	바이오의약품
최초승인의약품	신약	(바이오)신약
최초승인의약품의 효능 등 개선	개량신약	바이오베터
최초승인의약품 복제	제네릭의약품	바이오시밀러

바이오의약품은 생물체 또는 생물체에서 유래된 물질(혈액, 세포, 미생물 등)을 이용해 제조한 의약품으로 합성의약품에 비해 구조가 복잡하고 분자량이 크며(표 2), 세균·바이러스 오염가능성이 크고 공정조건 설정 및 품질 관리가 어렵다(표 3).

(표 2) 화학합성의약품 및 바이오의약품의 분자량 크기

Drug (nonproprietary name)	Molecular formula
chemical drugs	
aspirin	$C_9H_8O_4$
Tylenol (acetaminophen)	$C_8H_9NO_2$
Sovaldi (sofosbuvir)	$C_{22}H_{29}FN_3O_9P$
small biologic drugs	
Lantus (insulin glargine)	$C_{267}H_{404}N_{72}O_{78}S_6$
Epogen (epoetin alfa)	$C_{809}H_{1301}N_{229}O_{240}S_5$
Neupogen, Zarxio (filgrastim)	$C_{845}H_{1339}N_{223}O_{243}S_9$
growth hormone (somatropin)	$C_{990}H_{1528}N_{262}O_{300}S_7$
large biologic drugs	
Enbrel, Erelzi (etanercept)	$C_{2224}H_{3472}N_{618}O_{701}S_{36}$
Remicade, Inflectra (infliximab)	$C_{6428}H_{9912}N_{1694}O_{1987}S_{46}$

자료 : Biologics and Biosimilars : Backgroundand Key Issues, Congressional Research Service, 2016.

(표 3) 바이오의약품 및 합성의약품의 제조공정 차이

	바이오의약품		GMP 요건			합성의약품		GMP 요건		
	제조과정					제조과정				
1단계	세포주 개발	DNA 클로닝 형질주입 최적 세포 선택	◎	◈	■	반응	원료첨가 온도, 압력	◎		
2단계	세포확장	배지, pH, 온도, 세포밀도	◎	◈	■	무게	주원료 및 부원료 무게측정	◎		
3단계	세포배양	배양기, 배지, pH, 온도	◎	◈	■	혼합	혼합 속도 및 시간	◎		
4단계	수확	세포 제거	◎	◈	■	압축 /Filling	압축, 충전방법 (무인)	◎		■
5단계	정제	불순물 제거 고선택성 레진	◎	◈	■	패키징 /저장	실온			
6단계	바이러스 불활성화	바이러스 제거/ 감소	◎	◈	■	품질 보증	비교적 쉬운 방법			

교수님과 함께
떠나는 약학 여행

7단계	충전 (Filling)	충전 (무인)	◎	◈	▣	안정성	유통기한 동안 안정성 테스트		
8단계	완료 (Finishing)	동결건조 주사기 충전	◎	◈	▣				
9단계	패키징 /보관	거품/입자 없는 통제된 온도							
10단계	품질보증	고도 정밀 방법							
11단계	안정성	유통기한 동안 안정성 테스트							

주 : ◎ Clean Room & Sterile equipment(클린룸 & 멸균장비) : 박테리아 오염 방지
◈ Virus Segregation(바이러스 격리) : 바이러스 오염 방지
▣ Segregation(격리) : 사람 및 물질의 이동 공간 분리
자료 : Biologics and Biosimilar : An overview, Amgen

QuintilesIMS 자료에 따르면 세계 의약품 시장은 2016년 기준 1조 1,046억 달러 규모로, 향후 5년간 연평균 4~7% 성장률을 기록하여 2021년에는 1조 4,000억 달러에 달할 것으로 전망하고 있다.

급성장하고 있는 바이오의약품 시장

바이오의약품의 경우 미국은 바이오의약품의 범위를 넓게 보고 있고, 유럽은 new biotechnology만을 사용하는 경우로 한정하는 등 바이오의약품에 대한 공통된 정의와 범위는 없다.

규제 측면에서 미국은 백신, 혈액제제, 항독소, 세포 치료제, 유전자 치료제 등은 'Biological products' 또는 'Biologics'라고 정의하고, 일부 치료용 단백질의 경우는 'Drug'에 포함되어 있으나 실제로 바이오의약품은 이 둘을 모두 포함하는 개념으로 쓰이고 있다.

반면에, 유럽의 'Biological medicinal products'는 생체물질에서

직접 추출한 것이 아닌 방법으로 만든 치료용 또는 체내진단용 단백질 또는 핵산기반 의약품을 말하며 이는 다시 말해 유전자재조합 및 단일클론항체 의약품에 한정되어 있는 것을 의미한다. 유럽에서는 세포 치료제, 유전자 치료제, 조직공학제품 등은 'Advanced Therapy Medicinal Products'라는 이름으로 별도 관리된다.

한편, 우리나라는 식품의약품안전처 고시로 '생물의약품'을 생물학적 제제, 유전자재조합의약품, 세포배양의약품, 세포 치료제, 유전자 치료제 등으로 규정하고 있다.

지금까지는 주로 화학합성의약품이 시장을 형성하였으나, 최근 항체를 비롯해 단백질 치료제뿐만 아니라 유전자 치료제 및 줄기세포를 활용한 세포 치료제 분야 등 다양한 분야의 바이오의약품에 대한 연구 및 시장이 확대되고 있다.

바이오의약품 시장은 2016년 기준으로 전체 의약품 시장의 25%를 차지하였으며 2022년에는 30%까지 차지할 것으로 전망되고 있다. 상위 100대 의약품 중 바이오의약품은 2008년 30%에서 2016년 49%로 증가했고, 2022년에는 52%의 매출을 점유할 것으로 전망된다(그림 1).

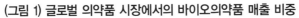

(그림 1) 글로벌 의약품 시장에서의 바이오의약품 매출 비중

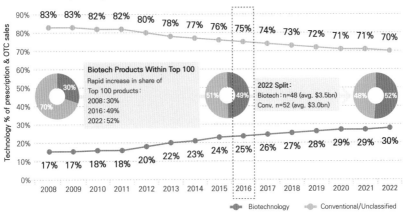

자료 : World Preview 2017, Outlook to 2022, EvaluatePharma, 2017.

바이오의약품은 화학합성의약품에 비해 독성이 낮고 암, 자가면역 질환과 같은 난치성 질환에 뛰어난 효능을 보이는 장점이 있다. 2017년 기준으로 글로벌 매출 상위 10대 의약품 중에 8개가 바이오의약품이다. 가장 많이 팔린 미국 애브비사의 류마티스 관절염 등의 치료제인 휴미라는 CHO세포를 숙주세포로 해 만든 바이오의약품으로 2017년 매출액이 184억 달러(약 20조 원)에 달하며, 2018년에는 202억 달러에 달할 것으로 전망하고 있다(그림 2).

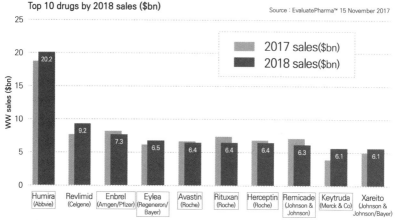

(그림 2) 글로벌 매출 상위 10대 의약품 (파란색 표시가 바이오의약품)

Top 10 drugs by 2018 sales ($bn)

Source : EvaluatePharma™ 15 November 2017

자료 : EP Vantage 2018 Preview, EvaluatePharma, 2017

바이오의약품 분야에서는 여전히 항암 분야에 대한 연구개발이 가장 활발히 이루어지고 있다. 이는 암 면역 및 약물 저항에 대한 역할, 암에 대한 분자기반에 대한 과학적인 이해에 있어 진전이 있기 때문이다. 특히, 고콜레스테롤혈증 치료제나 항암 분야에서의 ADC(Antibody Drug Conjugates)를 포함한 항체 치료제 개발에 대한 진전이 두드러지고 있으며 향후에도 계속될 것으로 전망된다.

단백질의약품에서는 체내 반감기를 줄여줌으로써 결과적으로 약물의 사용빈도를 줄일 수 있는 페길레이션(Pegylation) 분야 등 2세대 단백질 개발이 주요 분야로 연구개발되고 있으며, 유전자 치료 분야에 있어서는 현재까지 전 세계적으로 7개의 치료제가 허가를 받았으며 2017년 한 해에만 미국 FDA가 킴리아(노바티스사), 예스카타(길리어드사), 럭스터나(스파크사) 등 3개의 유전자 치료제를 허가하는 등 본격적으로 시장이 열리고 있는 상황이다. 세포·줄기세포 분야는 미국에서만 30개 이상의 세포 치료제 기업과 20개 이상의 줄기세포 치료제 기업이 임상개발 단계에 있다.

면역치료에 있어서는, 특히 항암 분야에서 빠른 진전을 보이고 있으며, CAR-T(Chimeric Antigen Receptor T-cell), 신규타깃 항체, 이중타깃 항체, 백신 등에서 작용 메커니즘이나 효율을 극대화하는 등 다양한 분야에서의 진전이 이루어지고 있다. CRISPR-Cas9 유전자 가위 기술로 면역세포 유전자를 교정해 항암치료를 하기 위한 임상은 2016년 11월에 중국이 먼저 시작하였고 2018년에 미국에서도 시작할 것으로 예상되고 있다.

바이오시밀러의 경우 미국과 유럽 시장에 상당한 영향을 줄 것으로 전망되고 있으며, 기업들은 항체 바이오시밀러를 가장 큰 타깃으로 하고 있다. 바이오시밀러의 가격은 오리지널 의약품의 25~30% 저렴할 것으로 예상되는 바, 의료재정 절감을 위한 미국, 유럽 등의 사용 장려 정책으로 시장이 급속히 증가할 것으로 전망된다.

이 외에도 에볼라, 지카 바이러스 발생으로 인한 정책적인 관심의 증가로 소위 소외된 질병(Neglected diseases)에 대한 의약품 연구개발 비용이 증가할 것으로 예상되며, 희귀의약품의 경우는 현재 미국에서 승인된 신약의 1/3 이상이 희귀의약품으로 이제 더 이상 희귀의약품은 니치 마켓이 아닌 기업의 주요 타깃 시장이 되고 있다.

2017년 7월 식약처 발표에 따르면 2016년을 기준으로 국내 바이오의약품 시장은 1조 8,000억 원 규모로 전년 대비 11.6% 성장했으며, 특히 바이오의약품 수출은 처음으로 1조 원을 돌파하였다. 2016년 국내에서 승인된 총 628건의 임상시험 중 합성의약품 임상시험 승인건수는 387건으로 전년 대비 14% 감소했으나, 바이오의약품은 226건으로 전년 대비 12% 증가하는 등 바이오의약품에 대한 임상시험도 증가하고 있어 향후 성장세는 지속될 것으로 전망되고 있다.

　　바이오의약품에 대한 국내 기업들의 성과도 본격적으로 나오고 있다. 최근의 성과를 살펴보면, 2011년 파미셀의 줄기세포 치료제는 국내 식약처에서 세계 최초로 승인받았고, 2013년 메디톡스는 원조 보톡스 회사인 앨러간에 보톡스 관련 기술을 수출하였으며, 2015년에는 한미약품이 글로벌 제약사인 사노피와 얀센에 국내 최대 규모의 바이오의약품 관련 기술을 수출하였고, 바이로메드도 미국의 블루버드바이오에 면역 치료제 관련 기술을 수출하였다.

　　2016년에는 셀트리온의 바이오시밀러(램시마)가 세계에서 두 번째로, 항체 바이오시밀러로는 첫 번째로 미국 FDA의 승인을 받아 미국 시장에 본격 진출하게 되었다. 코오롱생명과학은 일본 미쓰비시다나베에 세포유전자 치료제(인보사) 관련 기술을, 동아에스티는 미국 애브비에 면역항암제 관련 기술을 수출했다.

　　2017년에도 한올바이오파마가 중국 하버바이오메드에 자가면역항체 신약 관련 기술을 수출하는 등 국내 바이오기업들의 해외 기술 수출

성과가 이어지고 있다. 이외에도 삼성바이오에피스와 셀트리온은 미국과 유럽에서, 에이프로젠은 일본에서 허가를 받는 등 바이오시밀러 성과가 계속 나오고 있으며, 제넥신, 바이로메드, 신라젠 등의 기업도 해외에서 임상시험의 중후반 단계를 거치고 있어 성과가 기대되고 있다.

바이오의약품의 생산역량에서도 큰 진전이 있었다. 2015년에 삼성바이오로직스는 세계 3위 규모(18만 리터)의 바이오의약품 위탁생산공장을 완공하였으며 최근 추가로 18만 리터 규모의 생산공장을 완공하여 연간 36만 리터의 생산능력을 보유하게 되어 세계에서 가장 큰 바이오의약품 위탁생산기업으로 도약할 전망이다. 셀트리온도 현재 14만 리터의 생산능력을 보유하고 있으며 추가 증설 등을 계획하고 있어 우리나라의 바이오의약품 생산역량과 위상이 크게 높아질 전망이다.

최근 바이오기술에서의 중요한 진전이 이루어지면서 헬스케어 분야뿐만 아니라, 경제 및 사회 영역에까지 활발한 변화를 주는 등 바이오기술은 4차 산업혁명 변화의 중심에 있다. 차세대 DNA염기서열 분석기술로 막대한 양의 생물학적 정보(바이오 빅데이터)가 축적되고 있고 이를 활용해 신약개발은 물론 의료서비스 등으로 적용 분야가 확대되고 있다.

OECD는 2030년경 IT혁명을 넘어서는 바이오경제(Bioeconomy) 시대가 도래할 것이고 장기적 관점에서 경제와 환경의 지속가능한 발전을 위한 단초를 제공할 것이라는 전망을 일찌감치 내놓았다. 생명공학

기술과 이를 활용한 의약품 등이 일상생활과 산업 전반에 깊숙이 자리하는 바이오경제는 IT가 우리의 생활을 혁신적으로 바꿔 놓았듯이 미래 생활에 폭넓고 다양하게 기여할 것으로 예상하며, 이러한 가능성으로 인해 바이오 분야에 모든 나라가 미래를 걸고 나서고 있다.

바이오의약품 개발은 눈에 보이지 않는 세포, 단백질, 유전자 등을 대상으로 하지만 그것이 이루어 낼 성과는 난치성, 희귀 질환 환자들에게 새로운 희망과 삶을 제공하는 등 그 끝을 가늠하기 어려울 정도로 광대할 것이며 궁극적으로는 인류의 삶에 본질적인 변화를 이끌어 낼 것이다.

약학 대학의 변화! 6년제가 되다

국내 약학교육은 급변하는 보건의료 환경과 약학발전의 세계적 조류에 대응하고 우리나라 국민의 건강증진 및 보건의료 서비스의 질적 수준을 향상시킬 수 있는 약사를 양성하기 위해 2009년부터 6년제라는 새로운 학제를 도입하게 되었다. 약학 대학은 이러한 학제개편의 의도에 부합되고 교육 패러다임의 변화에 대응할 수 있는 학생을 교육하기 위해 새로운 약학 교육체계를 도입하여 약사를 양성하고자 한다. 6년제의 학제하에서는 의약품을 보다 안전하고 유효하게 활용할 수 있는 약물치료에 직접 관련된 학문을 발전시키고 교육할 수 있는 시스템을 강화하였다. 이러한 약학의 교육, 연구 및 실무의 강화는 약과학의 발전으로 이어져 현재 고부가가치 산업으로 육성하고 있는 신약개발 등 첨단 생명과학산업의 국가경쟁력까지 향상시키는 효과를 얻을 수 있다.

약학교육은 세계화(globalization)라는 세계적 추세를 이끌 수 있는 약사를 양성하기 위하여 다음과 같은 기초약학교육과 미래지향적인 임상교육이 서로 연계된 선진형 약학 교육체계를 구축하여 제공하고 있다.

6년제 학제도입의 지향점

새로운 약학교육 패러다임하의 핵심 전공교육과정

약학 대학의 핵심교육과정은 학문적·임상적 목표를 뒷받침해 주는 교육내용으로써 환자 치료를 위한 약물 사용의 기초 이해를 제공한다. 약학의 전문성 함양에 필요한 기본적인 과학을 익히기 위해 다음과 같은 핵심 전공교육과정을 포함한다.

●생명약학(생명의약) : 의약품의 구조와 분석, 생명의약의 이해

●산업약학(의약개발 및 생산) : 의약품의 합성, 의약품의 제제 및 송달, 의약품의 제조 및 품질관리, 의약품의 개발

●약물과학(약물작용) : 약의 작용, 약물수용체의 반응성, 약물의 체내
동태, 무기 및 방사성의약품의 작용, 생물의약품의 개발과 사용, 생약
및 전통약물의 개발과 사용

●임상약학(약물치료) : 각 장기별 질환의 병태생리, 질환별 약물요법,
의약품 복약지도, 조제 투약 및 처방전 검토, 의약품 정보 및 환자정보

●보건사회약학(보건 및 의약품행정) : 보건의료와 의약품행정, 약국경
영(관리), 보건의약관계법규 및 윤리

약학 대학의 핵심교과과정

대분류	대영역	세부 교육 내용
생명약학	의약품의 구조와 분석	의약품의 구조적 특성, 의약약품의 분석
	생명의약의 이해	인체구조와 기능, 감염증, 면역, 생체방어기전, 생체 분자의 기능과 유전질환, 통계
산업약학	의약품의 합성	의약품의 반응과 유기합성법, 의약품의 제조
	의약품의 제제 및 송달	약물의 제제화, 의약품의 물리적 특성
	의약품의 제조 및 품질관리	의약품의 제조관리, 의약품의 품질관리
	의약품의 개발	의약품의 개발제도와 의약산업
약물과학	의약품의 작용	약의 작용, 약물수용체의 반응성, 약물의 체내 동태, 무기 및 방사성의약품의 작용, 생물의약품의 개발과 사용, 생약 및 전통약물의 개발과 사용
임상약학	질병과 약물치료	각 장기별 질환의 병태생리, 질환별 약물요법, 의약품 복약지도, 조제 투약 및 처방전 검토, 의약품 정보 및 환자정보, 한약제제
보건사회약학	보건과 건강증진	환경보건과 질병예방, 영양과 건강 및 식생활 안전, 임상독성과 중독예방
	약과 사회	보건의료와 의약품행정, 약국경영(관리), 보건의약관계법규 및 윤리

약사의 직무와 관련된 지식, 기술 및 태도를 실습하는 실무교육의 교육과정

약학 대학 학생은 의료현장에서 전반적인 약사의 역할을 이해하고 약사로서 필요한 지식과 기술을 습득할 수 있도록 실무교육을 이수한다. 실무실습교육을 통해 학생은 약물학적 지식을 적용하여 문제를 해결하고 환자의 치료향상에 요구되는 의사결정과정을 습득할 수 있다. 실무실습교육은 근무기관에서 약사가 수행하는 전반적 역할을 이해하고 의약품의 개발, 생산, 유통, 사용 및 국민보건과 관련된 약사의 기술과 태도를 습득함으로써 약사직무를 충실히 수행할 수 있도록 하는 것을 목표로 한다. 학생은 실무실습교육을 통해 기술과 태도를 익힘으로써 약학적 지식을 적용하여 문제를 해결하는 능력과 환자의 치료와 국민보건 향상을 위한 의사결정과정의 일원으로서 자질을 갖출 수 있다.

실무실습교육은 약학 대학의 교육과정 중 일부로 진행되는 전공교육이며, 약사면허시험의 응시요건으로써 강제성을 가지고, 약학 대학과 수련기관의 협력을 통해 이루어지는 협력교육의 성격을 지닌다. 실무실습교육은 엄격한 기준과 체계적인 관리하에 실시되며 표준화 및 통일성을 확보하여 교육의 질을 담보하고 있다. 실무실습교육은 지역약국, 병원, 제약회사, 의약품행정기관, 연구실 등에서 약사의 지도하에 다음과 같은 목적으로 이루어진다.

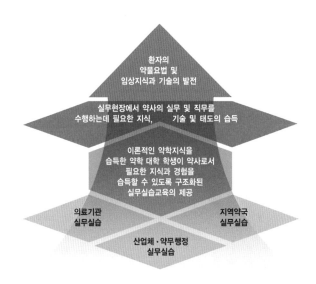

실무실습교육의 분야 및 목표

실무실습교육은 약사의 실무 및 직무를 수행하는 데 필요한 지식, 기술 및 태도에 대하여 습득할 수 있는 내용으로 기초과정(필수)에서 고급과정(선택)까지 단계적으로 제공된다.

실무교육의 지식, 기술 및 태도

새로 도입된 6년제 약학교육을 통해 환자의 삶의 질 향상에 기여하고 약학 분야의 능력과 권위를 신장하는 약사, 지역사회 및 보건사회의 서비스와 질적 향상에 기여하는 약사 및 신약개발 등 과학적 약학 연구를 수행할 수 있는 약사를 양성할 수 있을 것으로 기대한다.

6년제 약학교육의 기대효과

교수님과 함께
떠나는 약학 여행

약학 대학에 대한 궁금한 몇 가지

Q. 4년제나 6년제 약학 대학 졸업자는 어떻게 차이가 날까?

4년제 약학 대학을 나온 기존의 약사들은 실무경험이 매우 풍부하기 때문에 6년제 약학 대학을 막 졸업한 학생보다 더 실력이 좋을 수도 있다. 단지 새로운 약물, 기존약물의 부작용, 상호작용에 대한 정보가 과거의 것이거나 전혀 새로운 사실이 밝혀졌을 경우 정보를 접할 기회가 없었다면 이런 점에서 차이가 날 수도 있다. 이를 위해 4년제 약학 대학을 졸업한 약사의 재교육을 위한 교육시스템이나 프로그램이 준비 중이며 얼마나 열의 있게 재교육을 받느냐가 실력 차를 줄이는 데 가장 중요하다.

물론 두 면허는 구별이 될 수 있게 만들어지므로 약국에 걸린 면허만으로 일반 시민들은 구분이 가능할 것이다. 4년제 약학 대학을 나온 약사가 재교육을 받았다고 6년제 면허로 바꿔 주는 일은 현재로서는 어려울 것으로 판단된다.

Q. 6년제 약학 대학을 졸업하면 학사인가? 아니면 석사 혹은 박사인가?

약학사이므로 학사학위에 해당된다. 물론 미국처럼 Pharm.D.라고 하여 전문약사가 되는 건 사실이나 석·박사로 등록되는 것은 아니다. 단지, 각 약학 대학에서는 약학 대학 출신이 석·박사를 빨리 마칠 수 있도록 다른 전공 출신자와 구별되게 과정을 준비하고 있다. 즉 학부의 본과 과정 중에 석·박사 과목을 이수케 하여 석·박사를 조기 졸업시키는 방식이라 하겠다.

Q. 약대를 졸업하면 취직 걱정은 안 해도 될까?

사실이다. 현재는 병원약국, 제약회사에서 요구하는 약사인력의 반도 못 채우고 있는 실정이라 졸업예정자들을 데려가기 위해 교수들에게 통사정하며 부탁하는 병원, 제약회사가 매우 많다. 약국의 경우에도 초봉으로 3,600만 원 정도를 주고 있으나 이직률이 높아 고심하고 있다. 물론 약간의 경험이 생기면 자신이 직접 약국을 경영하는 경우가 많으나 요즘은 약국끼리의 경쟁이 매우 심하여 반드시 성공한다는 보장은 없다. 가끔은 이런 경쟁이 두렵거나 싫어서 다른 약국에 시간제로 근무하는 약사 수도 꽤 많은 편이다. 특히 여성들의 경우 파트타임으로 일하면서 가사를 겸하는 경우도 있다.

Q. 약학 대학을 나오면 대부분 약사를 할까?

대학에 따라 연구중심대학은 연구직이나 공직 위주로, 약사인력 양성중심대학은 병원, 약국약사 위주로 사회에 진출하고 있다. 여성의 경우, 사회적으로 약사를 선호하는 경향이 있어 일명 장롱면허가 많았지만 최근에는 여성의 경제적 독립을 중시하기 때문에 사장되는 면허가 줄어들고 있다.

약학 대학이 6년제가 되면 약국약사, 병원약사로서 일하고자 하는 학생들이 더욱 많아질 것이므로 연구중심대학에서는 신약개발과 연구에만 전념해야 하는 인력양성이 어려워질까 봐 고심하고 있다. 물론 연구직에 종사하려고 진학하는 학생들에게는 더 많은 교육과 전문연구원이 될 수 있는 기회가 주어질 것이다.

왜 6년제로 바뀌는 것일까?

지난 2005년 8월 교육인적자원부는 2009학년도부터 약학 대학 2+4의 개방형 6년제 실시를 확정 발표한 후, 2005년 10월 20일 고등교육법 시행령 일부개정령 입법예고를 통해 구체적인 방안을 발표하였다. 그 후 한국약학교육발전위원회와 한국약학대학협의회 등은 개방형 6년제 준비를 위해 만전을 기하고 있다.

그렇다면 왜 약학 대학이 6년제로 바뀌게 된 것일까? 의약분업 후 달라진 약사 직무 변화에 대응하기 위해서다. 약은 생명을 다루는 일인 만큼 매우 중요하다. 무조건 안전하고 좋은 약은 없다. 어떠한 약이라도 잘못 복용하거나 과잉 용량을 복용하거나 혹은 과다투약 기간이 길어진다면 위험하다.

부적절한 처방을 검토하고, 약물 사용의 안전성과 효율성을 높이고, 부적절한 처방에 의한 약제비의 급증에 대한 대책을 마련하는 등 약사들의 자질 향상에 대한 요구가 꾸준히 제기되어 왔다. 뿐만 아니라 제약 산업의 의약품을 제조, 관리하고 품질을 개선하거나, 신약을 개발하는 일 역시 시대적으로 요구되는 약학자들의 몫이다.

보건의료 전문 인력의 국가 간 교류가 증대되고, 제약 산업의 경쟁력이 향상되어 세계적인 흐름에 맞춰 약사들의 지적 수준도 함께 향상되어야 할 필요성도 있다. 따라서 21세기 새로운 시대가 요구하는 국제 수준의 창의적인 약사와 약학자를 육성하기 위해 약학 대학의 교육 기간을 기존 4년에서 6년으로 연장하게 된 것이다.

해결해야 할 일! 2년간의 약사 배출 공백의 문제

지난 2005년 정부가 발표한 약학 대학 6년제 실시 계획에 따르면 2009학년도부터 약학 대학을 6년제로 실시하기로 하였기 때문에 당연히 2009학년도부터는 기존의 4년제 약학 대학 신입생을 선발하지 않는다.

그리고 변경된 6년제에 의한 약학 대학 입학은 2011년도부터 가능하기 때문에 2013년과 2014년 2년간 약사 배출 공백이 발생하게 된다. 약학 대학의 입장에서 보면 2009년과 2010년의 2년간 약대 신입생의 공백이 생기고, 약대 재학생 입장에서 보면 2009년부터 2013년까지 8개 학년의 공백이 생기게 되는 것이다.

전문인인 약사 인력의 배출이 2년 동안 중단되는 사태가 발생한다면 사회적으로 약사 인력의 수급에 혼란이 생길 것이다. 약국약사나 병원약사 이외에 산업계, 공직계에 필요한 약사의 수급에도 문제가 생길 것이다.

학제 개편에 따른 법 제정도 필요!

학제 개편에 따라 제정되거나 개정되어야 할 관련 법규나 제도도 많다. 우선 현행 자연계열에서 약학계열 혹은 의·치·약계열로 변경하여 독립된 지위를 갖추어야 할 것이며, 학위 명칭을 조정하고, 약학사, Pharm.D., Ph.D. 등으로 복합 학위 과정을 설치하는 것도 필요하다.

부속약국, 부속 제약공장 등 실습장 설치 운영도 체계적으로 이뤄져야 할 것이다. 약사국가시험 관리 제도가 변경되어야 하며, 약사 인턴제도와 공중보건 약사제도가 도입되어야 할 것이다.

약학 대학에서는 무엇을 배울까?

생체 내 미세 물리현상을 밝혀라! 물리약학

물과 함께 삼킨 알약은 어떤 과정을 거쳐 그 효과를 나타내는 것일까?

두통약은 되도록 빨리 흡수되어 체내로 들어가야 통증을 가라앉힐 수 있다. 덩어리로 된 알약이 위벽이나 장벽을 그냥 통과해 들어갈 리는 없으니, 이들은 소화기관 내에서 일단 위액, 장액 등에 녹아야 된다. 고운 설탕가루가 커피에 쉽게 녹는 것에 비해 큰 결정의 설탕 덩어리는 완전히 녹으려면 오랜 시간이 필요하듯, 커다란 알약 덩어리가 소화기관액에 다 녹으려면 시간이 너무 많이 걸려 흡수 가능한 영역을 그냥 통과해 버릴 수도 있다. 따라서 삼킨 알약은 위에서 단시간 내 작은 알갱이로 잘게 부수어져 소화액과 만나는 표면적이 급격히 증가하지 않으면 안 되며, 이 부서진 작은 알갱이들은 소화기관 상부에서 분자상태로 완전히 녹아야 한다.

소화기관 상부에서 일단 용해된 뒤에도 약의 성분들은 소화기관을 따라 이동하면서 소화기관의 상피세포에 흡착되지 않으면 흡수될 수 없다. 인체의 입장에서 볼 때 대부분의 약은 모두 이물질이니 이런 이물질을 흡수하는 특별한 기구가 생체 내에 존재할 리는 없다. 그러므로 대부분의 약물 분자는 수동적으로 떠다니다가 확산에 의해 인지질 이중층구조를 지닌 세포막에 흡착되어 세포막을 투과하고, 혈액 안으로 들어가게 된다.

혈액으로 들어간 약물 분자는 혈액 내의 여러 혈구, 단백질 등의 혈액 성분들과 결합하기도 하고 해리되기도 하면서 온몸을 돌게 된다. 약물 분자와 혈액 내의 성분들과의 친화력의 차이, 또는 인체의 각 조직, 장기들과의 친화력의 정도에 따라 어떤 약물은 필요한 부위에 도달하기도 하고 신장에서 배설되어 없어져 버리기도 한다. 또 어떤 약물들은 뇌 같은 특정 장기에 도달하기도 하고 전혀 도달하지 못하기도 하여 각 조직 장기별 불균형 분배의 현상이 일어난다.

최종적으로 목표 조직에 도달한 약물 분자는 조직 중의 효소, 단백질, DNA 등 해당 거대 분자와 결합하여 비로소 원하는 생리적 반응을 일으킬 수 있게 된다. 이처럼 체내 수용체와의 친화력과 결합력 등에 의해 해당 약물의 약효 발현 정도가 결정되는 것이다. 이러한 친화력은 각 약물 분자의 구조에서 유래하는 물질의 독특한 물리화학적 성질이다. 따라서

약물 분자의 구조와 그 물리화학적 특성을 이해하지 못한다면 우리는 인체조직에 필요한 만큼의 약물을 도달시킬 수 없을 것이며, 뿐만 아니라 약효의 발현기구를 이해할 수 없을 것이다.

생물과 화학이 약학의 기초가 된다는 것은 누구나 알고 있지만 약학에 왜 물리가 필요한지 선뜻 이해하기 어렵다. 심지어 '물리약학'이라고 하면 물리치료 비슷한 것으로 생각하기도 한다. 생물체인 우리 인체는 뇌에서 명령을 내리는 것에 따라 움직이는 근육 등의 종합적인 움직임으로 생활하고 있다. 하지만 그 움직임의 세부 사항을 미시적으로 살펴보면 신경돌기의 신호전달은 전기적인 신호이며, 이 전기신호는 시냅스에 이르러 화학 물질에 의해 신호가 전달된다. 각 화학 물질 하나하나가 생각하는 능력이 있어 스스로 판단하고 움직이는 것이 아니다. 이들은 모두 용해, 확산, 상호작용, 분자결합 등의 물리적 현상에 의해 생리활성을 나타내는 것이다. 신경전도의 전기적인 신호 역시 이온의 확산과 이동에 의해 생성되는 것이다. 생물체의 종합적인 행동과 생리반응은 궁극적으로 미시세계에서의 개개 분자들의 물리법칙에 기초한 분주한 움직임과 상호작용에 의하여 이루어지고 있는 것이라 할 수 있다. 즉, 물리약학은 순수과학인 물리와 물리화학의 개념들을 응용하여 생리활성 물질의 체내 환경에서의 성질과 거동을 연구하고, 분자 수준에서의 이론적 근거와 정량

약학 대학에서는
무엇을 배울까?

성을 약학 분야에 제공하여 궁극적으로 질병 치료에 기여하고자 한다.

체내에 투여된 약물의 효능은 결국 물질의 용해, 투과, 분배, 수용체와의 결합 등 분자 간 상호작용들의 총합이며, 이는 모두 개개분자의 물리화학적 성질에 기인하는 물리적 현상이다. 의약품 제형의 특성이나 약물의 인체 내 거동을 이해하는 등의 약제학 분야에도 물리약학 지식이 접목되어 직접 응용되기도 한다.

물리약학은 순수과학인 물리와 물리화학의 개념들을 응용하여 생리활성 물질의 체내 환경에서의 성질과 거동을 연구한다.

신비의 묘약, 지식약

힘들게 공부하지 않아도 주사 한 대 맞으면 필요한 지식을 마치 배운 것처럼 알게 하는 약을 개발할 수 있을까?

1968년 미국의 저명한 뇌 연구가 운가 교수는 죽은 쥐의 뇌에서 특정 기억을 담고 있는 기억분자를 분리하는 데 성공했다. 이 실험을 통해 지식이 뇌 속에 어떤 물질로 존재한다는 것을 발견했다. 그렇다면 이 물체의 정체는 무엇일까? 바로 스코토포빈이라는 물질이다. 이 물질에는 어둠을 두려워하는 정보가 담겼는데 그 어원은 그리스어다. 그리스어로 scotos는 어둠, phobus는 두려움이란 뜻인데 이 두 단어를 합성해서 '어둠을 두렵게 하는 약'이란 뜻으로 불리었다.

스코토포빈은 15개의 아미노산이 결합되어 형성된 폴리펩타이드로 밝혀졌는데 결국 기억된 지식이라는 것은 여러 개의 아미노산이 결합된 펩타이드 형태로 저장된다는 것을 의미한다.

뇌 속에서 펩타이드가 형성되는 원리는 마치 알파벳 기호를 차례로 연결하여 단어를 만들듯이 우리가 어떤 사실에 대해서 경험을 통해 기억될 때는 아미노산이 차례로 배열되어 특정 펩타이드 물질을 형성하게 된다.

이렇게 형성된 펩타이드 속에 경험한 것이 지식정보로 담기게 된다. 그래서 지식이 많으면 많을수록 뇌 속에 보다 많은 아미노산 펩타이드가 축적될 것이다. 바꾸어 말하면 뇌 속에 펩타이드가 많은 사람은 지식이 많다는 것을 의미하게 된다. 스코토포빈은 인공적인 합성도 가능하며 합성품을 쥐에 주사

한 결과 천연산과 똑같은 효과를 나타냈다.

이러한 원리를 인간에게 적용한다면 반복학습을 통해서만 터득이 가능한 지식을 주사를 통해 얻을 수 있을 것이다.

그러나 대부분의 과학자들은 실험 가능성에 대해서 매우 회의적이다. 왜냐하면 이것이 가능하려면 선결되어야 할 문제들이 많기 때문이다. 인간의 뇌에는 몇 억 개의 서로 다른 분자들이 존재하는데 어느 기억분자가 어떤 지식정보에 해당되는지를 규명해야 하며, 규명되더라도 특정 기억분자의 분리가 가능해야 한다. 그리고 이것을 실용화하려면 이 지식분자의 복제 또한 가능해야 한다. 지금 현재의 과학수준으로서는 아직 요원한 일이 아닐 수 없다.

그러나 언젠가 이것이 실현되면 학습이 불가능한 정신지체아의 치료가 가능할 것이며 또한 인위적으로 천재의 대량생산도 가능하리라 생각된다.

약물의 작용원리와 신약개발에 필요한 지식을 배우는 약물학

식물과 동물로부터 유래된 어떤 물질이 이롭거나 해로운 영향을 끼치는 것에 대해서는 선사시대부터 잘 알려져 있었다. 약에 대한 사용방법을 소개하려는 시도가 있었지만 실험과 관찰 없이 질병을 설명하는 것조차 쉬운 일이 아니어서 번번이 성공하지 못했다. 약에 대한 이론을 확립하기 시작한 것은 17세기 말부터이다. 관찰과 실험을 통한 다양한 연구로 질병에 대한 이해가 높아지자 유럽의 의사들은 자신들이 사용해 오던 전통 약물들을 질병의 치료에 이용하기 시작했다.

약물을 만들고 사람에게 사용하는 원리를 깨우치는 학문인 약물의학은 약물학의 전신으로 발전하기 시작했다. 18세기 말과 19세기 초에 마장디(Magendie)와 그의 제자인 베르나르(Bernald)는 동물을 이용한 실험으로부터 많은 생리학 및 약물학적 이론을 검정하는 방법들을 찾아내고 발전시키기 시작하였다. 18세기에서 20세기 초에 걸쳐 화학과 생리학은 큰 발전을 이루었고 이를 토대로 인체의 여러 기관

약학 대학에서는
무엇을 배울까?

과 조직에 미치는 약물작용을 이해하게 되었다. 아이러니하게도 19세기에는 당시 약물제조회사에서 그 가치가 알려지지 않은 많은 약물을 시험하는 과정에서 되려 약물학의 발전을 가져오게 되었다.

약 50년 전부터는 약물의 정확한 치료학적 평가가 요구되면서 새로운 개념에 따라 약물작용에 관여하는 효소, 이온 채널, 수용체 등에 관한 정보가 축적되었고 이와 연관시켜 약물을 새롭게 분류하여 독특한 약물군으로 나누게 되었다. 또한 지난 30여 년 동안 약물작용의 분자기전에 대한 이해가 급격하게 발전하였다. 약물의 작용을 매개하는 많은 수용체가 분리, 동정되었고 구조적 특징이 확인되었으며 복제도 가능하게 되었다.

이처럼 약물학은 약물의 기원, 물리 화학적 성질, 생체에 대한 작용, 흡수, 분포, 대사, 배설, 독성, 용법·용량 등 치료에 관한 기본 지식과 임상에서의 응용에 대해 다각적으로 연구하는 학문이다. 약물학 실험실에서는 사람과 동물의 질병을 예방하거나 치료 및 진단을 위해 사용하는 약물의 화학 구조와 생체활성 간의 상호관계를 규명하기도 하고 약물의 특수부위(활성기)가 세포의 어느 분자와 어떻게 반응하는지, 몸속으로 투입된 약물이 어떻게 흡수되고 분포되며 대사되고 배설되는지 등에 대해서도 연구한다.

약은 원래 질병에 대한 치료 효과를 기

대하고 사용하지만 부작용을 일으키거나 독성을 가지고 있고, 오용이나 남용을 하면 유해 작용을 일으키므로 이를 방지하기 위해서는 약에 대한 정확한 지식이 필요하다. 이와 같이 약물학은 약물의 치료효과와 더불어 부수적으로 수반되는 약물독성을 공부하는 독성학과 올바른 임상적용에 필요한 지식인 치료학을 포함한다. 약물의 작용 및 그 성질을 규명하는 약물학을 연구하기 위해서는 생리학, 분자생물학, 생화학, 병리학, 미생물학, 면역학, 유전학 등의 기초지식이 요구된다.

약물학 연구실에서는 다양한 연구가 이루어지고 있다. 예를 들면, 어떤 약물이 생체의 어떤 장기, 어느 부위에 결합하는지(어떤 항암약은 세포의 핵산분자와 결합하고, 어떤 향균약은 세포의 리보솜과 결합한다)를 연구한다. 어떤 약물이 특정 효소와 반응하여 작용을 일으킬 때는 그 양이 어느 정도가 되었을 때 작용이 발현되며, 이것으로 인한 생리현상의 변화는 어떠한지 등의 연구도 이루어진다. 이처럼 특정물질의 질병에 대한 치료 효과와 독성 등에 관한 각종 기초자료와 더불어 최종적으로 실제 사람을 대상으로 하는 임상연구의 결과에 따라 치료제로 허가 받아 사용할 수 있게 되는 것이다. 이처럼 약물학 연구는 화학물질을 사람의 질병치료에 사용할 수 있도록 근거를 마련하는 데 필요한 정보를 확보하는 수단이 되므로 신약개발을 위해서는 약물학의 공부가 필수적이라 하겠다.

화학물질이 작용하여 생체에 유해한 독작용을 일으키게 될 때 이것을 중독이라고 한다. 중독을 예방하고 치료하거나 진단할 때 사용되는 물질은 수없이 많다. 이들이 생체 내에서 일으키는 작용 또한 다양하다. 이들 하나하나의 작용에 대한 연구 또한 약물학의 대상이다. 결론적으로 약물학은 어떤 물질을 질병의 치료에 사용할 수 있도록 특수한 약물로 개발하고 이들 약물이 제대로 사용될 수 있도록 용량·용법을 설정하며 부작용과 독성을 규명하여 위험성에 관한 정보도 동시에 제공함으로써 행복한 삶을 영위할 수 있도록 해 주는 학문이라 하겠다.

약물학은 약물의 기원, 물리 화학적 성질, 생체에 대한 작용 등 치료에 관한 기본 지식과 임상에서의 응용 등에 대해 다각적으로 연구하는 학문이다.

유전적 요소에 따라 다른 현상

병원에서 처방하는 약물에 대한 반응은 개인마다 천차만별 다르다. 이것은 바로 유전적 요인에 영향을 받는 것으로 알려져 있다. 최근 동일한 치료약물에 다르게 반응하는 개개인의 유전적 특성에 따라 최적의 약물치료를 하는 맞춤약에 대한 관심이 급증하고 있다. 유전적 요인은 약뿐 아니라 우유로 인한 동양인들의 소화기장애 현상에서도 발견할 수 있다. 이것은 서양에 거주하는 동양인들로 인해서 서양 과학자들의 관심을 끌게 되었고 1960년 후반 그 원인이 밝혀지게 되었다.

바로 우유 중에 함유되어 있는 유당(락토스) 때문에 동양인들이 우유를 마시면 복통을 느끼고 설사를 하는 것이다. 일본, 중국, 인도 등의 각국 동양인들을 대상으로 광범위하게 조사한 결과 예외 없이 유당에 대한 불내성현상(intolerance)이 나타났으며 아시아인뿐만 아니라 호주 원주민과 흑인 등에도 같은 현상이 나타났다. 유당은 포유류의 젖에 함유되어 있는데 사람의 젖에는 6.7%, 우유에는 4.5% 정도 함유되어 있다. 유당은 포도당과 갈락토스가 결합된 이당류로서 락타제라는 분해 효소에 의해서만 분해될 수 있다. 장에서 분해되면 포도당과 갈락토스로 분리되며, 분리된 후에야 비로소 쉽게 흡수될 수 있다.

사람이 태어나면 모유나 우유를 먹이므로 이를 소화할 수 있는 여러 가지 소화효소를 갖고 있어야 한다. 모유나 우유 중에는 유당이 함유되어 있으므로 이를 분해할 수 있는 효소 락타제를 소화기 중에 갖는 것이 필요하다. 그래야만 모유나 우유를 먹어도 아무런 부작용 없이 소화를 시킬 수 있게 된다. 실제로 유아기에는 락타제가 풍부해서 모유나 우유는 훌륭한 유아식이 된다. 그러나 유아기를 지나 점점 성장해 가면서 락타제의 활성은 감소되며 청소년 시기 혹은 20대 초반에는 아주 없어진다. 어떤 학자는 유아기에 있었던 락타제와 성인이 되었을 때의 락타제를 구별해서 2종의 락타제의 존재를 가정하기도 하였다.

　락타제의 결핍이 유전적 소질 때문인지 아니면 유당 함유 식품을 장기간 섭취하지 않아서 후천적으로 퇴화된 것인지에 대해서는 서로 상반된 보고가 있다.

　서양에 장기간 거주하고 있는 동양인 중에는 우유로 인한 부작용이 전혀 없는 경우가 있는데 이를 본다면 동양인의 유당불내성은 유전적 소질이라기보다는 후천적으로 형성된 것으로 보인다. 그러나 태국의 북부지방에 거주하는 주민을 대상으로 한 연구를 살펴보면 유전적 소질 때문이라고 밝히고 있다. 영양실조와 유당불내성 사이에는 아무런 연관성이 없으며 일단 락타제 활성을 잃어버린 사람은 우유의 형태로 유당을 섭취시켜도 락타제 활성은 재생되지 않는다고 한다. 또

한 수유기를 지나서도 계속해서 유당이 다량 함유되어 있는 영양분을 섭취시켜도 유아기의 유당 소화능력을 지속시킬 수 없었다고 한다.

이러한 점들을 통해서 수유기를 지나 일정 연령이 되면 락타제 활성은 자연적으로 소멸됨을 알 수 있다.

후천적으로 유당 소화능력을 계속 지속시키려는 노력에도 불구하고 그렇게 하지 못한다는 것은 결국 유당 소화능력이 선천적인 유전인자에 의한 것이라고 생각할 수밖에 없다.

아시아 인종 중에 유일하게 코카서스인이 우유로 인한 부작용이 없는 것으로 알려져 있다.

아마 여러 세대에 걸쳐서 우유 식품을 섭취하는 과정에서 서서히 선택적으로 적응되었을 것이다. 락타제가 결핍되어 있더라도 대부분의 사람은 어느 정도의 유당과 우유가 들어 있는 음식물을 먹고도 별 부작용을 나타나지 않는다. 이러한 사실로 미루어 볼 때 유당으로 인한 복통과 설사를 유발하려면 일정량 이상의 유당을 섭취해야 할 것이다. 조사한 바에 따르면 생체반응을 일으키지 않는 유당의 1일 최대 섭취량은 우유 300ml 정도인데 이것은 유당 14g 정도에 해당되는 양이다.

일본의 경우 6세 이상 어린이와 성인의 85%가 유당으로 인해 소화장애 현상이 나타났다고 한다.

그래서 우유를 적게 마시게 된다는데 이것이 일본에 위암발생률이 높은 이유라는 견해도 있다. 우유 소비량과 위암발생 빈도수와의 상관관계를 조사한 바에 따르면 우유 소비량이 적은 국가일수록 위암발생률이 높다는 연구보고가 있다.

투여 가능한 형태로 만드는 약제학

약은 종류도 많지만 만드는 방법도 다양하다. 합성이라는 기술을 사용하여 인공적으로 만들기도 하고, 식물과 같은 천연물에 포함되어 있는 유효성분을 추출하여 만들기도 한다. 그리고 바이오테크놀로지를 사용하여 대장균이나 세포로 하여금 만들어 내게 하는 방법 등도 있다. 또 최근에는 인간 게놈 정보를 이용한 신약과 유전자 치료에 사용하는 유전자 의약품 등도 속속 개발되고 있다.

이처럼 여러 가지 방법에 의해 만들어진 화학물질은 우선 시험관내 시험을 통해 그 작용을 조사받게 된다. 이 시험에서 유효성이 있다고 판단되면 약의 '후보물질'이 되지만, 작용이 우수하더라도 정말로 '의약품'이 될 수 있을지 여부는 아직 이 시점에서 알 수 없다. 시험관내의 효과란 효소와 수용체(리셉터) 등의 표적분자 또는 표적분자를 갖고 있는 세포를 실험했을 때 직접적인 약효가 있다는 것을 본 것뿐이기 때문이다. 시험관내에서와 똑같은 일이 우리 몸 안에서도 일어난다면 약효를 기대할 수도 있겠지만, 약 60억 개의 세포로 구성되어 있는 우리 몸에 외부로부터 화학물질을 투여하였을 때에 똑같은 일이 일어나리라는 보장은 없다. 투여한 약이 몸 안에서 표적분자와 만나는 마지막 목표점에 도달하기까지에는 너무도 많은 과정이 있고 또 뛰어넘어야 할 장벽이 있기 때문이다.

최초의 장벽은 바로 약을 사람에게 제대로 투여할 수 있는 '모양'으로 만들 수 있는지의 문제다. 즉, 시험관내와 같은 효과를 나타나게 할 수 있는 형태로 만들 수 있겠는가 하는 것이다. 이 형태를 제형(劑形, dosage form)이라고 한다. 정제, 캡슐제, 주사제와 같은 다양한 제형이 사용되고 있지만, 약물은 적당한 제형과 조합을 이룰 때에 비로소 의약품으로 탄생할 수 있다. 아무리 획기적인 신약이 발견되고 발명되더라도 사람에게 투여 가능한 제형으로 만들 수 없다면 애써 발견한 보석이 원석상태 그대로 버려져 가치를 잃는 것과 같다.

DDS에 대한 연구

약이 필요한 부위에 도달하게 하는 반면, 쓸데없는 부위에 도달하지 않도록 하는 DDS(Drug Delivery System, 약물송달시스템)라는 연구 영역이 발달되었다.

어떤 약이든 투여된 후에는 혈류를 따라 순환하다가 목표로 한 작용점에 도달해야 비로소 효과를 나타낸다. 하지만 도달했더라도 그곳에서 유효 농도에 미달한다든지 또는 그 농도가 필요한 시간 동안 유지되지 못하다면 약효를 나타내지 못한다. 또한 쓸데없는 부위에까지 약이 이행한 경우에는 약효가 나타나지 않을 뿐만 아니라 때로는 부작용을 일으킨다.

DDS란 약이 체내에서 바람직하게 이동 분포하게 하여 치료효과를 최대화하기 위한 것이다. 사용하기 까다로운 항암제나 일반적인 방법으로 투여해서는 충분한 효과가 나타나지 않는 바이오의약품 등에 이미 실용화되고 있다. 또 아직 의약품화되어 있지 않은 유전자를 약으로 만들기 위한 기술로도 기대를 모으고 있다. 이처럼 DDS의 연구는 다양한 약물치료를 개선하고 새로운 치료법을 확립하기 위해 앞으로 눈부시게 발전할 가능성이 높은 분야다.

몸 안의 약의 움직임과 DDS

적당한 제형이 결정되었다면 그다음 장벽은 바로 투여했을 때 약물이 작용점에 충분한 농도로 도달하기 위해 충분한 시간 동안 체류해야 한다는 점이다.

몸 안에서 약의 움직임을 약물동태(pharmacokinetics)라고 한다. 즉 약물동태란 흡수, 분포, 대사, 그리고 배설의 4단계를 말한다.

흡수란 투여한 약이 몸 안에 들어가는 단계다. 복용한 약이 소화관에서 흡수되어 순환 혈액 중에 들어가는 과정에 해당된다. 분포란 흡수된 약이 혈액을 타고 몸 안을 순환하면서 표적이나 기타 장기에 퍼져 가는 과정을 말한다. 대사란 약이 체내의 효소에 의해 약효를 잃어

가는 과정을, 그리고 배설이란 오줌 등을 통해 약물이 몸 밖으로 나가는 과정을 말한다. 대사와 배설을 합쳐 소실이라 부르기도 한다.

체내동태의 4가지 단계 중 치료효과에 가장 큰 영향을 미치는 단계는 흡수와 분포다. 우선 약이 체내에 들어가지 못하면 약효가 나타나지 않을 것이며, 혈액 중에 들어간 약 중 얼마나 표적에 도달하느냐 하는 효율은 약효를 좌우할 것이기 때문이다. 그리고 이것들은 어떤 제형으로 어디로 투여하느냐(투여경로)에 따라 많이 달라진다. 정제나 캡슐제로 투여하느냐, 주사제로 정맥 내에 투여하느냐 또는 피부에 붙이느냐에 따라 약의 동태와 효과가 달라지기도 한다.

현재 사용되고 있는 대부분의 의약품은 정제처럼 옛날부터 사용되어 온 제형으로 투여해도 약효가 나타난다. 소화관에서 흡수되어 목표로 삼은 부위까지 잘 이행하기 때문이다. 이 경우에도 흡수된 약은 혈액을 타고 목적 부위 이외의 부위에까지 골고루 분포된다. 전신분포가 부작용의 원인이 되지 않는다면 별 문제는 되지 않는다.

이처럼 특별한 궁리를 하지 않아도 되는 약은 정제처럼 일반적인 제형을 선택해도 아무 지장이 없다. 하지만 사정이 좀 다른 약들도 있다. 대표적인 약이 항암제다. 항암제는 암세포를 죽이기 위한 약으로 세포에 손상을 주는 작용을 한다. 암세포에 분포한 항암제는 암세포를 죽이는 작용을 하지만, 골수세포나 소화관 세포 등 암세포

못지않게 증식하고 있는 세포에 분포한 항암제는 이런 정상적인 세포도 죽이는 작용을 하는 것이다. 즉 정상세포까지 죽이는 부작용이 나타나 치료를 계속할 수 없게 된다.

이러한 약은 표적에만 약을 분포하게 하는 방법을 개발해 내지 않으면 이상적인 치료를 할 수 없다. 이는 보통 제형으로 만들어서는 실현하기 어렵기 때문에 특별한 기술이 필요하다. 이런 문제를 해결할 수 있는 기술로서 기대를 받고 있는 것이 바로 DDS다.

DDS의 여러 목적 중 가장 활발하게 연구되고 있는 분야는 타기팅(targeting, 표적지향화)이다. 타기팅이란 문자 그대로 약으로 표적(타깃)을 쏘아 맞추겠다는 의미다. 예컨대 항암제를 암세포에만 집중시키려는 시도가 이에 해당된다.

타기팅 이외에 콘트롤드 릴리즈(controlled release, 방출제어)라고 부르는 DDS 분야가 있다. 실용화 면에서는 타기팅보다 훨씬 앞서 있는 기술이다. 콘트롤드 릴리즈 DDS란 의약품 제제로부터 약물이 천천히 녹아 나오게 만든 것이다.

어떤 약이 부작용 없이 효과를 나타내기 위해서는 의약품 제제를 투여했을 때, 혈중 농도가 적당한 레벨에서 적당한 시간 동안 유지되지 않으면 안 된다. 농도가 너무 낮으면 효과가 없고, 너무 높으면 나쁜 영향(부작용)이 나타나기 때문이다. 일반적으로 약을 먹은 후 좀처

럼 이런 상태에 도달하기 어렵기 때문에 '1일 3회 식후복용' 같은 방식
으로 약을 복용해야 한다.

콘트롤드 릴리즈 제제를 복용하는 경우라면 이런 걱정은 사라질 수
있다. 콘트롤드 릴리즈 제제에는 먹는 약만 있는 것은 아니다. 붙이는
외용제, 주사제 등 여러 가지가 이미 상품화되어 있다. 여러분도 이미
콘트롤드 릴리즈 제제를 사용해 본 경험이 있을지도 모르겠다. 그만큼
보편화되어 있다.

DDS의 사례 살펴보기

3개월에 1번만 투여해도 되는 항암제

2000년에 세계에서 가장 많이 팔린 약 베스트 30위 안에 일본의 '다께다 약품'이 개발한 류프린이라고 하는 DDS가 들어 있다(28위, 항암제 중에서는 2위). 주사용 콘트롤드 릴리즈 제제다. 류프린은 성선(性腺)호르몬 방출호르몬(LH-RH) 유도체를 마이크로캡슐이라는 캐리어에 집어넣은 것으로 전립선암의 치료제로 사용된다. 마이크로캡슐은 합성고분자를 사용하여 만든다.

이 제제는 한 번만 투여해도 1개월 또는 무려 3개월에 걸쳐 약물이 서서히 방출되어 약효가 지속되는 고성능 DDS다. 유효성분인 LH-RH 유도체를 일반적인 방법으로 투여하면 성선의 기능을 촉진하는 작용을 하지만 지속적으로 투여하면 세포막 위의 수용체 수가 줄어드는 현상이 나타나서 오히려 성선의 기능을 억제하는, 전혀 상반된 작용을 나타내는 약이다. 이 억제작용을 치료 목적으로 사용하기 위해 콘트롤드 릴리즈 DDS를 개발한 것이다. 이 약은 현재 전 세계에서 전립선암 치료제로 사용되고 있다. 대표적으로 성공한 DDS인 셈이다.

일부러 혈관을 막히게 하는 DDS도 있다

모세혈관의 안지름(내경)보다 작은 크기의 약물 캐리어를 사용하여 분포를 콘트롤하는 것이 타기팅의 일반적인 전략이지만 모세혈관 내경보다 10배 이상 큰 수십㎜ 크기의 미립자를 사용하는 DDS도 있다.

약학 대학에서는
무엇을 배울까?

예컨대 간이나 신장에 암병소가 있는 경우, 카테터라고 하는 가는 관을 그 장기의 지배동맥에 삽입한 후 이를 통해 항암제를 봉입한 마이크로캡슐을 주사하는 화학색전요법이 있다. 주사된 마이크로캡슐은 굵은 혈관은 통과하지만 모세혈관에서는 혈관을 막아 버린다. 이로 인해 혈액의 흐름이 멈춰 버려 암세포는 산소와 영양분을 공급받지 못하게 된다. 게다가 마이크로캡슐 속으로부터 항암제가 천천히 녹아 나오도록 구성되어 있어 암세포를 오랫동안 직접적으로 공격한다. 암세포 입장에서 보면 식량 보급을 끊어 놓고 독이 든 만두를 먹이는 셈이다.

몸 밖에서 몸 안의 약의 움직임을 조종한다?

약물 캐리어가 혈류를 타고 몸 안에서 일단 움직이기 시작하면 보통은 몸 밖에서 약의 움직임을 조종할 수 없다. 그러나 몸 밖에서 몸 안의 약의 움직임을 조종할 수 있는 DDS도 개발 중이다. 자석의 힘을 이용하는 DDS가 있는데 이것은 약물 캐리어에 자성체를 붙여 놓은 것이다. 이것을 투여한 뒤에 약물을 집중시키고 싶은 부위의 몸 밖에서 자장(磁場)을 걸면 그 부위에 타기팅할 수 있는 것이다.

이 외에도 약물 캐리어의 움직임은 그대로 놓아두되 약물의 타깃 부위에 열을 가한다든지, 레이저광, 초음파, 중성자선 등을 쪼여 약물이 타깃 세포에 선택적으로 작용하도록 만든 DDS도 있다.

암을 저격하는 미사일

암세포는 정상세포와 달리 표면에 암세포 특유의 항원(암항원)이 존재한다. 암항원을 인식할 수 있는 능력을 갖고 있는 항체에 항암제를 결합시킬 수 있다면 이 결합체는 암세포만을 저격할 수 있게 되는 것이다. 이를 '미사일 요법'이라고 부르는데 타기팅 기법 중 가장 유용한 DDS기술이다. 이 아이디어가 실현되기 시작한 것은 아이디어가 떠오른 지 무려 100년이나 지난 후다.

에를리히는 19세기 말부터 20세기 초에 걸쳐 면역학 발전의 기초를 쌓은 유명한 병리·세균·면역학자다. 그는 '에를리히의 측쇄설'이라고 불리는 학설을 제창하는 등 많은 연구 업적을 쌓았다. 1908년에는 면역에 관한 업적으로 노벨 의학생리학상을 받았다.

에를리히의 측쇄설은 교과서에 실릴 정도로 유명한 학설이지만 당시의 지식으로는 충분히 설명이 되지 않았다.

이 학설은 세포의 표면에는 여러 가지 물질과 결합할 수 있는 수용체(측쇄)라는 것이 있어서, 독소 등 외부로부터 이물질이 침입해 들어오면 무언가가 세포로부터 체액 중으로 방출되어 이물과 결합하여 몸을 지킨다는 사고방식이다. 이때 방출되는 측쇄가 항체에 해당하는 것으로 생체는 소위 항원 항체 반응을 통해 다양한 이물에 대해 스스로를 방어하는 장치를 갖추고 있다는 학설이다.

이것은 그 후의 연구에서 밝혀진 '클론 선택설'을

예언한 것이었다. 다만 미리 방대한 종류의 이물에 대응할 수 있는 방대한 종류의 측쇄가 세포 내에 준비되어 있지 않으면 안 된다는 점이 이 학설의 문제점이었다.

지금에 와서는 물론 이와 같은 면역의 다양성은 충분히 설명될 수 있는 현상이다. 이를 보면 에를리히는 본질을 꿰뚫어 보는 훌륭한 학자임이 틀림없다. 그는 1906년에 발행된 저서 등을 통해 "어떤 특정 장기에 친화성을 갖는 항체를 치료에 유효한 물질을 그 장기에 보내는 운반체로 이용할 수 있을지도 모른다."라고 말했다. DDS의 개념이 전혀 없던 100년 전에 이미 항체를 약의 운반체로 사용하는 '미사일 요법'을 예언한 것이다.

그러나 에를리히의 선견지명에도 불구하고 미사일 요법이 실현되기까지는 긴 세월이 걸렸다.

첫 번째 전환점은 모노클로널항체라고 불리는 단일 항체의 대량조제법의 발명이었다. 옛날부터 항체를 만들고 싶을 때에는 동물에 항원을 투여한 후 동물의 B임파구가 만들어 낸 항체를 혈청으로부터 추출하는 방법을 써 왔다. 그러나 이 방법으로는 투여한 항원의 여러 부분을 인식하는, 미세구조가 다른 불균일한 항체밖에 만들 수 없다. 이런 항체를 폴리클로널 항체라고 한다. 하지만 이 방법은 동물을 대량으로 사용하지 않으면 타기팅에 이용할 수 있을 정도의 충분한 양의 항체를 만들기 어렵다.

이 문제를 해결한 사람이 독일의 면역학자 켈러와 영국

의 면역학자 밀스타인이다. 그는 1975년 마우스에 항원을 주사한 뒤, 항체를 만드는 B임파구를 꺼내 한없이 증식하는 미엘로마라고 하는 암세포와 융합시키는 방법을 고안해 냈다. 이렇게 융합시킨 세포를 하이브리도마라고 한다. 목적으로 하는 항원과만 결합하는 항체를 만드는 한 종류의 하이브리도마(단일 클론) 세포만을 선별하면 모노클로널항체라고 불리는 균일한 항체를 만들 수 있다. 게다가 하이브리도마는 얼마든지 계속 증식하기 때문에 이를 배양하여 증식시키면 배양액으로부터 대량으로 모노클로널항체를 얻을 수 있다. 켈러와 밀스타인은 이 업적으로 1984년에 노벨 의학생리학상을 수상했다.

이 기술이 확립되어 모노클로널항체를 쉽게 사용할 수 있게 되었고, 이를 계기로 1980년대는 미사일 요법에 관한 연구가 세계의 여기저기에서 폭발적으로 수행되었다. 누구나 약물이나 독소, 방사성 물질 등을 채워 놓은 탄두를 탑재하고 암세포를 향해서 발사하면 정상적인 세포에는 상처를 주지 않고 암세포만을 소멸시키는 것이 가능할 것으로 생각하고 있었다.

그러나 이 기대는 무참히 깨지고 말았다. 마우스 세포를 이용해 만든 마우스형의 모노클로널항체였기 때문에 환자에게 투여하면 인체는 이를 이물로 여긴 것이다. 우스운 것은 투여된 모노클로널항체를 배제하고자 하는 항체가 체내에서 생겨, 이것이 모노클로널항체를 공격하여 효력을 없게 만든다든지 알레르기 반응을 일으킨다는 것이다. 때문에 연구의 기세는 잠시 줄어들었으나 그 후에도 꾸준히 연구를 계속한 사람들의 덕택으로, 초기의 마우스 항체의 결점을 개선한 키메라(chimera) 항체와 사람화(humanized) 항체가 개발되었다. 모두 마우스 항체와 사람 항체를 결합시킨 항체다. 이를 계기로 모노클로널항체가 의약품으로 개발되기 시작한 것이다.

현재 많은 항체 의약품들이 상품화되어 있다. 이처럼 여러 연구자들의 노력의 결과로 에를리히의 예언이 있은 지 약 100년 후 모노클로널항체 의약품의 혜택을 보게 되었다. 하지만 현재 상품화되어 있는 것은 대부분 항체 단독으로 사용할 때 효과가 기대되는 것들이다. 즉 탄두를 싣지 않은 빈 미사일 자체를 병소를 공격하는 수단으로 사용하고 있는 셈이다.

항체 의약품은 앞으로 암뿐만 아니라 다른 여러 가지 질병의 치료제로 기대를 모으고 있으나, 아직 항체가 약의 캐리어로 충분히 이용되고 있다고 말할 수 있는 상황은 아니다. 에를리히의 꿈이 조금 실현된 것뿐으로 앞으로 DDS로서의 응용 여지는 얼마든지 남아 있다.

주사는 어떻게 발견되었을까?

　　1616년 영국 의사 하비의 '혈액순환설'로 인해 주사요법의 개발이 활기를 띠게 되었다. 혈액순환설은 혈액은 정지되어 있는 것이 아니라 심장의 움직임에 따라 전신을 계속 순환한다는 것으로 하비가 처음으로 발견했다. 하비는 독사에 물려 죽는 현상을 독이 정맥으로 들어가서 순환함으로써 전신에 퍼지기 때문이라고 설명했다. 이로 인해 약물의 정맥주사 가능성의 이론적 근거가 마련된 셈이었다.

　　이러한 이론적 배경하에 옥스퍼드 대학의 천문학 교수이자 건축가였던 렌은 동물의 방광과 새의 날개깃을 이용하여 인류 최초의 주사기를 만들었다.

　　방광에 주사액을 넣은 다음 뾰족하게 만든 날개깃 끝으로 정맥을 찔러 약이 담긴 방광을 누르면 주사액이 정맥 내로 서서히 흘러 들어가게 했던 것이다. 개를 이용하여 이 원시적인 주사 장치의 성능을 최초로 실험했는데 개의 뒷다리 정맥에 아편액을 주사하였고 수면을 유도하는 데 성공했다.

　　이 주사장치를 이용한 아편주사를 인간에게도 적용했으나 기구가 조잡했고, 무균제제에 대한 지식이 부족하여 실제 응용과정에서 여러 가지 부작용이 많아 주사요법에 대한 평판이 좋지 못했다. 그 결과 거의 200여 년 동안 정맥주사는 주로 동물실험에만 이용되었을 뿐 사람에게는 적용하지 않았다.

　　그러나 과학이 발달함에 따라 초창기에 있었던 주사요법과 결부된 여러 가지 부작용의 원인들이 밝혀지게 됨으로써 오늘날과 같은 완벽한 주사제의 제조는 물론 주사방법이 확립되게 된 것이다.

약의 구성성분과 품질을 알아내는 약품분석학

'분석(analysis)한다'라는 표현은 여러 분야에서 다양하게 사용되고 있다. 자연과학은 물론 사회현상, 경제현상, 그리고 인간심리에 이르기까지 어떠한 현상을 설명하기 위해 분해하여 해석한다는 뜻으로 '분석한다'는 표현을 쓴다. 따라서 분석을 위해서는 그 부분에 대한 자세한 자료가 필요하다.

그렇다면 약품분석이란 무엇일까? 약품분석은 질병치료에 사용되는 의약품이 어떤 물질로 구성되어 있는지를 물리–화학적인 방법으로 알아내는 것이다. 분석이라는 조작과 기술은 우리 주변의 다양한 분야에서 필요로 한다. 예를 들면 공기나 물 중에 유해 성분이 얼마나 들어 있는지, 우리가 먹는 식품에 들어 있는 방부제나 농약 등의 종류와 양이 얼마나 되는지, 우리가 복용하는 약품에 유효성분이 적절하게 들어 있는지, 우리의 혈액 중에 지방, 혈당, 호르몬 등의 양이 정상적인지, 항암제 투여를 받은 암환자의 혈중에 약물농도는 적절한

지, 올림픽에 참가한 선수들이 금지된 약물을 먹지는 않았는지, 법과학 분야에서 사망 또는 중독 원인 물질을 규명하고 마약 복용 여부를 확인하기 위해서, 병원에서 진행되는 질병진단 목적의 임상검사 등이 물리-화학적 분석 방법을 필요로 한다. 이러한 분석의 결과는 법적인 기준이 되기도 하고, 때로는 질병의 진단과 치료 진행상황을 판단하는 기준이 된다.

  그렇다면 약품분석은 어떻게 발전해 왔을까? 약품분석의 역사를 살펴보면 과학의 발전에 따라 매우 빠른 속도로 변화하고 있음을 알 수 있다. 과거 100여 년 전만 해도, 어떤 화학성분이 들어 있는지를 확인하기 위한 방법으로 사람의 감각을 이용했었다. 색깔을 확인하거나 맛과 냄새로 그러한 물질이 들어 있는지를 확인한 것이다. 그러나 지난 100년 동안 다양한 물리-화학적인 측정방법이 개발됨으로써 사람의 감각 범위를 넘어서는 수준까지 알아낼 수 있게 되었다. 현재도 진행 중인 다양한 과학의 발명은 지속적으로 새로운 분석기술을 개발하고 있다. 신약개발에서도 우선 약물의 분석법이 확립되어야 신약 후보물질의 생체 내 흡수, 대사, 배설, 분포 특성 규명, 제형개발, 품질관리 시험 등을 수행할 수 있다. 지금은 인간 게놈 프로젝트가 완성되어 다양한 생물의 전체 염기서열을 알 수 있게 되었으며, 이를 이용해 다윈의 진화설을 분자 수준에서 이해하는 작업이 진행되고 있다. 이러한 대형 프로젝트 역시 감도 높고 빠르고 값싸게 분석할 수 있는 방법을 개발해야만 가능한 일이기 때문에 분석법 개발에 많은 노력을 기울여 온 것이다.

약학, 의학, 환경과학, 법과학, 생물학 등의 다양한 연구 분야에서 새로운 분석기기와 분석방법을 개발하기 위한 많은 노력이 진행되고 있다. 수백만 종류의 화학물질이 존재하는데, 화학구조와 분자량도 매우 다양하다. 어떤 물질은 색을 띠기도 하고 형광을 띠기도 한다. 물과 유기용매에 대한 용해도도 모두 다르고, 쉽게 기체가 되는 물질이 있는가 하면, 산화와 환원이 잘 일어나는 물질도 있다. 이러한 성질을 이용해 물질을 분리·분석하는 액체 또는 기체 크로마토그래피법과 전기영동법, 광학적 특성을 이용한 분광분석법, 물질의 산화·환원 성질을 이용한 전기화학분석법, 물질의 분자량을 측정할 수 있는 질량분석법 등이 약품분석에서 사용되고 있다.

현재 사용하고 있는 다양한 분석방법들은 대부분 처음 개발되었을 때, 그리고 이를 개선하여 분석의 장을 넓혔을 때 모두 노벨상 수여 대상이 되었다. 이는 분석기술의 중요성을 보여 주는 한 예이기도 하다. 최근 컴퓨터의 발전으로 분석기기와 분석소프트웨어를 합친 기능이 좋은 분석기기들이 개발되었다. 이로 인해 세계적으로 분석기기 시장은 IT 산업만큼이나 고부가가치 사업으로 발전하고 있다. 우리나라는 분석기기의 수요가 적었으나 최근 폭발적으로 증가하고 있어 이를 위한 산업화가 필요한 실정이다. 지금도 다양한 분석법이 물리, 화학, 생물의 발전된 개념을 화학분석에 응용하여 개발되고 있다.

또한 이미 존재하고 있는 분석법을 이용하여 다양한 질병에서 어떤 지표가 중요한지를 발견하여 질병의 진단을 가능하게 하는 방법이 개발되어 기존 약물은 물론, 새로 개발되는 신약분석과 치료 효과를 분석할 수 있는 기술들이 개발되고 있다. 이러한 약품분석은 분석기기로서도 매우 중요한 큰 시장이며 동시에 연구소, 병원, 제약회사 등에서 매우 중추적인 역할을 하는 분야다.

전기영동법은 무엇일까?

전기영동은 전기장 안에서 하전된 입자가 양극 또는 음극 쪽으로 이동하는 현상을 말한다. 이때 이동하는 속도는 입자의 전하량, 크기와 모양, 용액의 pH와 점성도, 용액에 있는 다른 전해질의 농도와 이온의 세기, 지지체의 종류 등 여러 가지 요인에 의해 결정된다.

즉, 어떤 용액에서 하전된 알맹이의 이동속도는 분자 자체의 성질에 따라서 결정되는 것이다. 전기영동법은 아미노산, 뉴클레오티드, 단백질과 같은 하전된 물질들을 분리하거나 분석하는 데 매우 효과적인 수단으로 이용되고 있다.

전기영동에서는 유동성 매체로 액체 또는 기체가 사용되지만 생물학적 시스템에 있어서는 액체를 주로 이용한다. 전기영동에서 다루는 것은 전기화학적 기법에서의 전극의 반응이나 이온 교환에서 반대로 하전된 이온들의 상호작용이 아니라 전기장의 영향에 의한 분자의 이동도(mobility)이다.

전기영동법의 종류 알아보기
① 이동계면 전기영동법

전기영동법은 크게 두 가지 유형으로 구분할 수 있다. 하나는 이동계면 전기영동법으로 분리하고자 하는 분자들이 용액 내에 산재해 있는 상태에서 전류를 통해 용매와 용액 사이 또는 용액과 용액 사이에 계면을 이루게 하는 전기영동법이다.

이동계면 전기영동법에서 계면의 이동은 용액에 빛을 통과시키고 그 결과

를 사진으로 만들어서 조사할 수 있다. 이동계면 전기영동법은 이론상 매우 복잡하여 결과를 해석하는 데 어려운 점이 많다는 것이 단점이다.

② 띠 전기영동법

　적은 양의 시료용액을 거름종이, 폴리아크릴아미드 겔, 한천 겔, 녹말 겔 등의 지지체에 실은 후 전류를 통하면 시료의 성분들이 점 또는 띠를 이루면서 이동한다. 전기영동그림을 만들기 때문에 시료에 있는 성분들을 육안으로 확인할 수 있고, 광도계를 써서 정량할 수도 있다는 장점이 있다. 전기영동법의 경우 실험 목적에 따라 적당한 지지체를 선택해야 분리를 효과적으로 할 수 있다.

감기약을 과신하지 말자!

우리에게 가장 빈발하는 병의 하나인 감기는 과연 어떤 병일까?

열이 나거나 콧물이 나고 재채기를 하면 그 원인이야 무엇이든 통틀어 감기라고 부른다.

감기 증세에는 콧물, 재채기, 코 막힘, 기침과 같은 호흡기계통 증상이 있고, 열, 오한, 두통, 피로감 등의 전신 증세가 나타나기도 한다.

감기는 누구나 잘 걸리고 그 증상이 너무나 잘 알려져 있어 대수롭지 않게 생각하고 감기 치료를 경시하는 경향이 있으나 감기는 여러 질병의 근원이 되므로 결코 가볍게 생각해서는 안 된다.

감기를 일으키는 바이러스의 종류는 100여 종이나 되며 잠복기는 1~4일간이다. 계절적으로 겨울에 감기에 잘 걸리므로 감기는 추위와 밀접한 관계가 있다고 생각하기 쉬우나 추위 자체는 감기의 원인이 아니며 단지 감기를 일으키기 쉽게 하는 요인에 불과하다. 겨울에는 창문을 닫아둠으로써 환기가 잘되지 않아 방의 공기가 오염되기 쉽고, 습도가 낮아져 바이러스의 생존기간이 길어지며 기온의 급격한 변화로 호흡기 점막의 저항력이 감소되어 곧잘 감기에 걸리는 것이다.

감기의 원인이 바이러스이므로 감기를 치료하려면 이 바이러스에 대한 치료를 해야 하는데 아직까지 감기 바이러스를 직접 치료할 수 있는 항바이러스 약은 없다. 그래서 감기로 인해 발생하는 감기 증상을 경감시킴으로써 병 증세를 호전시키는 약물을 사용한다.

열이 나고 두통, 요통 또는 온몸이 쑤시고 아플 때는 해열제나 진통제를 사용한다. 또한 감기를 앓게 되면 기침이 수반되는데 기침의 생리기능은 기관점막에서 분비되는 가래를 밖으로 내보내는 것이다. 그러므로 기침할 때 무조건 진해제를 사용하는 것은 현명하다고 할 수 없으며 오히려 가래의 배출을 원활하게 하는 거담제를 사용해야 한다.

어떤 질병이든지 항생제로 고칠 수 있다고 과신하는 사람들은 감기에 걸리면 무조건 항생제를 사용하는 경향이 있으나 항생제는 감기 바이러스에 아무런 효력이 없다. 다만 바이러스로 감염된 상기도(기도에서 기관지, 후두, 인두, 비강이 있는 부위)가 세균에 2차 감염되고 폐렴과 같은 합병증을 일으켰을 때는 물론 항생제나 설파제와 같은 화학요법제를 사용할 필요가 있다. 감기 증세의 하나로 나타나는 콧물은 괴롭고 성가신 증세다. 이때는 콧물 분비억제 작용이 있는 항히스타민제를 사용한다. 다만 부작용으로 졸음이 오므로 자동차 운전자는 복용을 삼가야 한다. 또한 코가 막히는 경우가 많은데 이때는 코에 넣는 점비약을 사용하며 목이 아플 때는 빨아 먹는 약인 트로키제를 사용하는 것이 좋다.

약국에서 판매하는 종합 감기약은 위에서 설명한 해열진통제, 진해제, 거담제, 항히스타민제, 그리고 기타 필요한 약을 제조회사에 따라 서로 다른 비율로 배합한 것으로 정제, 물약 또는 좌약 등 그 제형도 다양하다.

이상에서 설명한 바와 같이 감기의

원천적인 치료법은 없으며 감기로 인해 나타나는 증상을 없애는 대증요법이 있을 뿐이다.

일반적으로 감기약을 너무 과신하는 경향이 있으나 약 이외에 충분한 휴식과 안정이 필요하다. 또한 질병에 걸리면 단백질과 비타민의 필요량이 많아지므로 충분한 영양분을 섭취해야 하며 몸을 따뜻하게 해야 한다. 이렇게 하면 감기의 치유기간을 단축할 수 있다.

신약개발의 원동력을 제공하는 약품화학

　현대는 질병도 진화하여 에이즈, 신종플루 등 과거에는 보지 못하던 새로운 질병이 나타나고 있다. 어떠한 항생제도 듣지 않는 슈퍼박테리아도 등장하였다. 이와 같이 다양한 질병에 대처하기 위하여, 그리고 내성이 생긴 약물을 대체하기 위해서는 신약이 필요하다. 특히 하나의 질병에는 적어도 5~6개의 치료제가 있어야 사용하던 치료제에 내성이 생겼을 때 다른 약물로 치료가 가능할 것이다. 그러므로 신약개발은 꾸준히 이루어져야 하며, 신약개발에서 가장 중요한 부분 중의 하나가 바로 신물질 창출이다. 신물질 창출은 인공 합성, 천연물에서의 추출, 그리고 미생물을 이용해서 이루어질 수 있다. 그중에서도 현재 가장 많은 성과를 이루고 있는 것이 합성 분야이며 합성할 약물의 디자인, 합성방법 개발 등 첨단기술의 기반기술을 제공하는 연구 분야가 약품화학이다.

　약품화학 또는 의약화학으로 명칭되는 Medicinal Chemistry 분야

약학 대학에서는
무엇을 배울까?

는 의약품이 생체 내에서 작용하는 반응 메커니즘을 분자적 수준에서 연구하고 또한 화학구조와 생리활성 간의 상관관계(SAR)를 정립하며 이를 기초로 새로운 의약품을 설계, 합성하고 생리효과를 검색하는 분야라고 할 수 있다.

신약개발은 다음과 같은 과정으로 진행된다. 먼저 새로운 약물을 설계하기 위해서 질환 치료제의 타깃(주로 효소 또는 수용체)에 대하여 X-ray 구조를 찾거나 컴퓨터 시뮬레이션을 통하여 이와 작용하는 약물의 적절한 구조를 창출한다. 새로운 약물의 구조가 설계되면 적절한 합성 방법을 고안하여 순수한 물질을 얻은 다음, 생리효과를 검증하게 된다. 같은 핵을 가진 물질에 치환기를 바꾸는 등의 방법으로 많은 유도체를 얻어 구조활성관계를 알아낸 다음 그중에서 효과가 크고 활성이 좋으면서 독성이 없어서 약품으로 활용될 수 있는 물질을 선택하여 신약으로 개발하게 된다. 그러므로 약품화학 분야의 연구를 위해서는 다방면의 지식이 요구되는데, 유기화학, 생물유기화학, 생화학, 분자생물학, 병태생리학, 물리약학, 약물학 등이 그것이다. 약학대학에는 앞에서 언급한 대부분의 과목을 개설하여 교육하고 있다.

세계 주요 선진국들은 미래 성장 동력을 확보하기 위해 끊임없는 노력을 기울이고 있다. 우리나라 또한 예외가 아니다. IT기술은 우리나라를 현재의 선진국 문턱

에 올려놓았지만, 선진국 진입을 위해서는 또 다른 미래 성장 동력이 절실히 필요한 시기다. 최근 세계적으로 관심을 갖는 것이 바로 바이오 분야다. 바이오산업이 오늘날 기대를 모으는 것은 건강, 식량, 환경 등 인류 난제를 해결할 수 있는 고부가가치 지식기반 산업으로 평가 받기 때문이다. 바이오산업과 같은 고부가가치 지식기반 산업이면서 실용화 가능성이 높은 분야가 바로 신약개발 분야다. 이러한 이유 때문에 선진국들은 신약개발에 많은 노력을 기울이고 있으며 대부분의 신약이 소수의 선진국에 의해서 독점적으로 개발되는 상황이다. 신약개발을 위해서는 대단히 복잡하고 다양한 단계의 연구와 절차가 요구되는데, 가장 중요한 단계는 초기의 신물질 창출 단계다. 국내 제약 산업이 현재 신약개발의 국제 경쟁력을 제고시키며 발전해 나가고 있는 것은 국내 신물질 창출 단계의 연구 수준이 선진국과 비교해 손색이 없기 때문이다. 오늘날 국내에서는 1년에도 여러 개의 신물질이 창출되어 거대 다국적 제약회사와 리이센싱 계약을 체결하는 등의 성과를 올리고 있다. 완제품으로서의 신약개발이 당장은 어려운 것이 현실이지만, 이것은 기술적인 문제라기보다 신약개발의 후기단계에 지불해야 하는 막대한 경제적 투자를 감당하기 어렵기 때문에 나타나는 현상이다. 이러한 문제는 국가경제 규모의 발전에 따라 점진적으로 해결될 수 있을 것이다. 우리나라는 신약개발을 위한 매우 중요한 단계인 신물질 창출 단계에 있어서 세계적인 수준의 연구역량과 고급인력을 확보하고 있으며, 여기에 첨단기술의 기초를 제공하는 연구 분야가 의약화학과 약품화학 분야라고 할 수 있다.

약품화학 분야를 전공한 사람들은 제약회사, 연구소 및 대학에서 신약개발 연구에 직·간접으로 종사하게 된다. 선진국 대형 제약사의 신약개발에 약품화학 전공자가 총 지휘자 역할을 담당하는 경우가 많은 것은 다양한 학문 영역에 대한 이해와 경험이 중시되기 때문에 나타나는 자연스러운 현상으로 볼 수 있다. 또한 개인 역량을 발휘해 변리사가 되거나, 스스로 개발한 기술 또는 생리활성 화합물을 기반으로 한 벤처기업을 창업하는 사람도 있으며 식약처와 같은 국가 기관에 종사하는 사람도 많다. 우리나라가 선진국의 대열에 진입하기 위해서는 고유의 신약개발이 필수 조건이며, 이를 위해서 향후 우리나라의 제약 산업에는 막대한 양의 자본과 인력이 투입되어야 한다는 점을 볼 때 고부가가치인 신약개발의 원동력을 제공하는 약품화학은 매우 유망한 전공임에 틀림없다.

곤충에서 발견된 신약 후보 물질
개미의 방어물질 메타프류린

얼마 전 호주의 생물학자들이 개미로부터 메타프류린이라는 새로운 항생 물질을 발견하여 관심의 대상이 되고 있다.

발견된 물질은 개미가 자기 몸에 침입하는 병균을 방어하기 위하여 만든 물질로서 많은 종류의 세균에 대하여 항균력이 있을 뿐만 아니라 특히 병원성 곰팡이에 대하여 좋은 효력을 나타내고 있다. 대표적인 병원균의 하나인 포도상구균과 칸디다증을 유발하는 곰팡이에 대하여 좋은 항균효과를 나타내고 있다.

개미가 처음부터 신약개발의 대상이 되었던 것은 아니었다. 개미와 꽃의 수분과의 관계를 규명하는 과정에서 약과 연결된 것이다. 호주 시드니에 있는 맥콰리 대학의 비티 교수는 벌은 각종 꽃의 수분에 있어서 매우 중요한 역할을 하는 데 비하여 벌과 비슷한 곤충인 개미는 수분과정에 있어서 거의 아무런 역할도 하지 못하고 있다는 점에 흥미를 느끼고 원인을 밝히는 연구를 수행했다. 연구과정에서 놀랍게도 개미 몸에 접촉되었던 화분은 모두 죽는다는 사실을 발견하게 되었다. 10여 종류의 개미에 대해 조사한 결과 모두 마찬가지였다. 그가 조사한 모든 개미 종류에서는 흉부 뒷부분에 있는 뒷가슴선에서 분비물이 나오며 화분이 죽는 것은 바로 이 분비물 때문이었다. 이 분비물 중에는 메타프류린이라는 새로운 항생물질이 내포되어 있음이 밝혀진 것이다.

이 항생물질은 일종의 지방물질로서 다른 항생물질과는 화학 조성이 전혀 달랐다. 메타프류린은 개미의 몸에 곰팡이와 세균이 침입해 자라는 것을 억제하지만 꽃가루에 대해서는 생명력을 감소시켜 수분능력을 감퇴시키는 효력도 갖고 있었다. 따라서 메타프류린과 접촉한 꽃가루는 죽게 되었던 것이다. 개미에게는 구원의 화합물이지만 꽃가루에 대해서는 죽음의 재앙인 것이다. 뒷가슴선이 없는 개미는 다른 곤충과 마찬가지로 꽃의 수분에 있어서 중요한 역할을 한다는 사실을 통해서도 메타프류린이 수정 방해물질임을 알 수 있다. 예로써 날개가 있는 한 종류의 개미는 남호주에 자생하는 난초 꽃에서 화분을 죽이지 않고 수분을 훌륭히 수행한다는 사실이 발견되었다.

지금까지 300여 종의 세균에 대하여 메타프류린의 항균효과를 시험했다. 항균력이 전혀 나타나지 않는 세균도 있었지만 다행히도 포도상구균과 칸디다곰팡이에 대하여 좋은 효력을 나타내고 있다. 특히 흥미를 끄는 것은 칸디다곰팡이에 대한 작용이다. 일반적으로 곰팡이 감염질환은 치료되기 힘들며 치료제도 극히 제한되어 있기 때문이다. 현재 대형 제약회사가 메타프류린 활용연구에 참여하고 있으므로 좋은 결과가 기대되고 있다.

환자를 직접 연구하는 임상약학

전 세계적으로 약사의 역할이 물질 중심에서 환자 및 서비스 중심으로 변화하고 있는 현 시대의 흐름에 따라 임상약학에 해당하는 교육의 비중이 커지고 있다. 이런 변화된 보건의료체계에서 양질의 약제서비스를 제공할 수 있는 임상약사가 양성되도록 교육하는 것이 임상약학의 목표이다. 따라서 임상약학은 과학적이고 실용적인 근거 중심의 약물요법을 통해 효과적이고 적절하며 비용-경제적인 약물치료를 제공하는 학문에 대해 배우게 된다. 이런 교육을 통해 학생은 환자에게 직접적으로 적용할 수 있는 약의 합리적 사용에 관련된 지식과 기술을 교육, 연구하고 체계화하여 사회에 이바지할 수 있는 약의 전문가로 양성될 수 있다.

**약물의 임상적 적용을 위한 기본개념 성립과 약물 사용 전반에 대한
총체적인 능력의 함양을 위한 교육**

약학 대학에서는
무엇을 배울까?

임상약학에서는 과학적인 접근방법으로 근거중심의 약물요법을 제시할 수 있는 다양한 정보원들을 검색하고 기준에 따라 평가, 제공할 수 있는 의약정보과학의 방법론 등 기본 임상약학에 대해 심도 있게 수강하게 된다. 또한 환자에게 최적의 약물요법이 이루어질 수 있도록 약물의 효능, 독성을 평가 및 모니터링할 수 있는 기본 임상약학적인 지식과 기술 등의 기본개념 및 지식을 함양토록 한다. 임상약학에서는 환자의 약물치료에 중점을 두며, 이를 위해 질병의 발생기전, 병태생리, 증상 및 징후, 진단 및 예후 등에 대한 배경 지식을 공부하고, 이를 토대로 약물요법을 결정하여 치료결과를 모니터링하는 전 과정에 대해 익히게 된다. 즉 임상약학은 약물 사용 전반에 대한 총체적인 이해를 위해 통합적인 임상약학의 이론교육 및 현장에서의 실무가 연계된 커리큘럼을 제공한다.

환자의 임상적 변화 및 인자들을 고려한 약물요법에 대하여 공부하는 임상약학

약물요법은 약물이 체내에서 흡수, 분포, 대사, 그리고 배설되는 과정이 중요하기 때문에 학생들은 약물의 체내동태를 용량-농도 관계로 나타낼 수 있는 정량적인 약물의 체내동태에 대하여 공부하게 된다. 이 교육과정을 통해 학생들은 치료역이 좁거나 개인 간 약물반응 차이가 크고 독성이 심한 약물들에 대하여 환자의 신기능, 간기능 등을 고려하여 약효를 극대화하며 독성을 최소화하기 위한 용량, 용법을 결정하는 방법을 심도 있게 익힐 수 있다. 임상약학은 이렇듯 환자 개개인의 임상적 상태 및 나이, 신기능, 간기능, 경제적 수준 등의 다양성을 고려한 맞춤약물요법을 적용하는 방법에 대해 배우게 된다. 또 환자의 약물요법은 환자의 연령별 생리학적 기능의 차이에 따라 다르기 때문에 연령대에 따른 약물의 흡수, 분포, 대사 및 배설 등의 약동태학적 변화를 고려할 수 있는 방법을 배우게 된다.

특히 소아의 경우 위산분비 능력이 약하고 알칼리성 약물의 흡수율이 크며 피부를 통한 흡수율이 높아 약물 혈중농도를 예측하기 어려우므로 약물의 약동학적 특징을 고려한 용량 및 용법의 설정에 대한 교육이 필요하다. 또한 생리학적으로 신경전달물질의 감소, 혈압변화에 대한 압수용체의 반응도 저하, 통증 역치의 증가, 인슐린 반응의 저하, 부신 피질호르몬 생성의 감소 등이 문제되는 노인환자 개개인의 약물요법에 대해서도 숙지하도록 한다.

한국인의 특이적 유전형을 고려한 약물요법에 대해 공부하는 임상약학

인종 간 약물반응의 차이는 생활환경, 식습관 및 문화적 차이와 같은 외적 요인과 인종 특이적 유전형 등의 내적 요인들 긴의 상호작용으로 발생하나 그중 인종 간 유전형의 차이가 가장 큰 원인으로 생각되고 있다.

임상약학은 약물의 동태에 영향을 미치는 유전자인 CYP 효소와 같은 약물-대사 효소의 유전자 또는 약물수송 단백의 유전자들의 유전형을 고려하여 약물요법을 제시할 수 있는 약물치료에 대하여 교육

한다. 즉 임상약학을 통해 개인 간 약물반응 차이에 기여하는 유전형을 고려한 약물의 유효 및 이상반응에 대해 공부하는 것이다.

약사로서 필요한 지식과 기술을 실무현장에서 습득할 수 있는 임상실무교육

임상약학에서는 양질의 의료서비스 제공을 위한 전문성을 갖춘 약사 양성을 위해 위와 같은 이론교육뿐만 아니라 실무실습교육을 제공하여 급격히 변화하는 의료환경에 적응하고 미래를 선도할 수 있도록 교육한다. 학생들은 약학 대학을 졸업하고 진출하는 분야인 약국, 병원, 제약(품질관리, 제조관리, 신약개발), 공직, 연구직 등에서 약사자격이 요구되는 실무 및 직무를 수행하는 데 필요한 지식, 기술, 태도를 약학 대학의 핵심 실무실습 교육과정에서 이수하게 된다. 이러한 실무실습 교육과정을 통해 약학 대학 학생들은 임상 현장에서 약학적 지식을 적용하여 문제를 해결하며 환자의 치료향상에 요구되는 의사결정과정을 습득할 수 있게 된다.

즉 임상약학은 전문적인 약물치료학적 임상결정을 내릴 수 있는 약사를 육성하고 보건의료서비스의 질적 서비스를 향상시키는 데 요구되는 지식을 교육하는 학문이다.

21세기 인류의 적, 비만

지금은 사정이 달라졌지만 끼니 때우기가 힘들었던 과거에는 살찐 것이 잘 산다는 뜻을 내포하고 있었기 때문에 어디 가서 사람 대접받고 사장님 소리 들으려면 배가 나와야 했던 시절이 있었다. 또한 역대 명화 속의 여인들은 요즈음의 미적 감각으로는 다소 뚱뚱하다는 인상을 풍긴다. 과거의 미인들은 요즈음의 피골이 상접할 정도로 마른 여자가 미인이라는 개념과는 달리 어느 정도 풍만한 육체가 필수 조건이었던 것 같다. 이유야 어떻든 과거에 긍정적으로 받아들여졌던 비만은 풍요로운 사회로 바뀌면서 오히려 고민거리가 되었다.

특히 비만이 건강과 직접적으로 관계가 있다고 하여 많은 사람들이 체중에 신경을 쓰게 되었다. 과거와는 달리 오히려 마른 사람이 건강하다는 인식이 일반화되고 있다. 이러한 의식변화는 1959년 미국의 생명보험회사에서 실시한 연구조사 결과가 매스컴을 통해 일반인에게 널리 홍보되면서 시작되었다. 생명보험 가입자들의 체중과 사망률의 상호관계를 조사한 결과 브로기 표준체중(신장(센티미터)-100)보다 무거운 사람의 사망률이 가장 높았고 10% 정도 가벼운 사람의 사망률이 가장 낮다는 사실이 밝혀진 것이다. 발표 이후부터는 브로카 표준체중보다 가벼우면 이상체중으로 여겼다.

그러나 이 조사연구에서 통계자료가 된 보험가입자는 어느 특정 부위의 사람들이므로 전체를 대변한다고 볼 수 없으며, 여기서 주장하는 이상체중도 모두에게 적용하는 것은 무리가 있다고 할 수 있다.

그런데 얼마 전 미국에서 체중과 사망률의 상호관계에 관한 또 다른 연구

결과가 나왔는데 생명보험회사의 연구결과와 정반대여서 주목을 끌고 있다. 프래밍행이라는 소도시의 주민 중 30~62세 사이의 남녀 5,000명을 대상으로 연구하였다. 건강상태의 척도가 되는 체중, 혈압과 혈액 콜레스테롤 함량 등의 측정 자료를 이용해서 체중과 사망률과의 상호관계를 평가했는데 생명 보험회사의 결과와는 달리 체중이 무거운 사람보다 표준체중 미달자의 사망률이 더 높다는 결과가 나왔다. 사망한 체중 미달자 중 흡연자가 제일 많았고 소모성 질환에 의한 체중 감소자들이 많기는 했지만 이들을 제외한 통계에서도 역시 체중이 가벼운 사람의 사망률이 여전히 높다는 것이 밝혀졌다.

사망률이 가장 낮은 그룹은 당뇨병이나 고혈압과 같은 위험인자가 없는 사람들로 브로카 표준체중보다 20% 무거운 사람들이었다.

체중이 늘어나 비대해지면 여러 가지 질병이 쉽게 발생한다는 사실은 많은 연구에서 잘 입증되었지만 그렇다고 마른 것이 좋은 것만도 아니다. 그래서 현재 통용되고 있는 이상체중이라는 것이 과연 올바로 정해졌는가에 대한 의문이 많이 제기되고 있다.

일반적으로 사람의 수명은 비만형인 사람의 낙천적인 성격과도 밀접한 관계가 있지 않나 생각된다. 낙천적인 뚱뚱한 사람이 몇 그램의 체중 변화에 일희일비하면서 신경과민이 되고 칼로리를 계산해서 음식을 조절하는 신경질적인 마른 사람보다 더 장수할 확률이 높다는 해석도 이해가 된다. 왜냐하면 건강에는 무엇보다 마음가짐이 중요하기 때문이다.

해로운 환경을 없애기 위한
노력, 예방약학

예방약학은 식품, 의약품, 산업용화합물, 가정용화합물 등 각종 환경물질 또는 환경현상들이 인간의 생명현상에 미치는 해로운 영향에 대해 연구하는 분야다. 연구로 인해 축적된 지식들을 질병의 예방 또는 건강증진에 활용한다.

인간의 행복한 삶을 위한 건강유지와 질병 퇴치는 인류가 과학기술을 발전시켜 온 가장 중요한 동기라고 할 수 있다. 이를 위해 과학자들은 오랫동안 인체 질병의 진단과 치료기술, 그리고 치료제의 개발에 노력을 기울여 왔다.

현재 보건의료 개념은 점차 질병의 예방과 건강증진을 강화하는 방향으로 전환되고 있다. 처음에 예방약학은 환경과 식품 위생학적 분석을 통해 인체와 생태계에 해로운 요인을 파악하는 연구를 해왔으며, 약사 등 전문 인력에게 필요한 지식을 함양시키기 위해 약학 대학 내에 개설되었다.

약학 대학에서는
무엇을 배울까?

최근에는 보건의료에 대한 개념이 변화하면서 환경과 각종 화합물, 식품 관련 유해물질들이 인간생명 현상에 미치는 영향을 이해하고 그에 대한 대책을 연구하는 내용에 주력하고 있다. 질병예방과 건강증진은 현대의 보건과학이 추구하는 과제들이다. 약사들이 이에 관한 전문지식을 갖추는 것은 매우 중요한 일이다.

광우병 제대로 알기

광우병(BSE, Bovine Spongiform Encephalopathy)

우리말로는 소 해면상뇌증이다. 채식동물인 소에게 육식 사료를 먹임으로써 뇌의 단백질이 변형돼 생기는 병이다. 양이 걸리면 스크래피(scrape), 사슴이 걸리면 만성 소모성 질환(CWD) 등으로 불리는데 모두 프리온 단백질 변형 질환이다. 사람이 걸리면 '변종 크로이츠펠트-야곱병(vCJD)'이나 '인간 광우병'이라 부른다. 현재까지 광우병의 치료 방법은 발견되지 않았다. 84년 영국에서 처음 발병한 이후 광우병과 관련하여 많은 연구결과가 나왔지만, 실체를 규명하기에는 미미한 수준이다.

프리온(Prion)

단백질(Protein)과 바이러스 입자(Virion)의 합성어다. RNA나 DNA가 없이 단백질로만 이루어진 병원체다. 정상적으로는 생물체 속에 존재하지만, 변형이 일어나며 광우병을 일으키게 된다. M(메치오닌)형과 V(발린)형이 있고, 부모로부터 하나씩 물려받기 때문에 인간에 존재하는 정상 프리온 유전자는 MM형, MV형, VV형 등 3종류가 있다. 지금까지 확인된 인간 광우병 환자는 모두 MM형 유전자를 가지고 있었다. 연구 결과 한국인의 94%가 MM형 유전자를 가지고 있는 것으로 밝혀졌다. 하지만, MM형 유

전자를 가지고 있다고 해서 모두 광우병에 걸리는 것은 아니다.

v-CJD

인간 광우병이라고 한다. 크로이츠펠트-야곱병(CJD)이 노인에게서 주로 발병하는 반면, 변종 CJD(vCJD)는 발병 연령이 평균 28세다. 대부분 초기에 우울증, 불안감, 불면 등의 정신적인 이상이 먼저 생기고, 근육 경련, 치매, 운동불능 등의 신경학적 증상이 발생한다. CJD 환자에서 보이는 뇌파의 특성(주기적인 날카로운 파형)이 나타나지 않는다.

SRM

특정위험물질(Specified Risk Materials)의 영역으로 소에서 프리온이 집중적으로 분포된 부위를 말한다. 30개월 이상 소는 뇌, 머리뼈, 눈, 편도, 척수, 척주, 소장 끝부분의 7개 부위, 30개월 미만인 소는 편도와 소장 끝부분의 2개 부위가 해당한다. 우리나라에서는 뼈를 고아 국물을 내거나, 곱창구이 등으로 이러한 부위를 먹기 때문에 특히 위험하다.

OIE

국제수역사무국(Office International des Epizooties)의 약어다. 1924년 프랑스에서 설립되어 현재 170여 개 국가가 가입되어 있다. 가축 전염병에 대한 정보를 신속하게

일러 전염병의 확산 방시와 근설을
위해 만들어졌다.

전기영동법을 이용해 소의 광우병 여부를 알아내다!

소의 소변을 검사해 광우병 여부를 알 수 있는 방법이 개발되었다. 캐나다 국립 미생물학연구소의 연구진은 특정 용액에 전기를 가했을 때 샘플의 분자를 종류, 크기별로 분리해 내는 2차원 젤 전기영동법 (2-D DIGE™) 기술을 이용해 같은 연령인 광우병에 감염된 소 4마리와 건강한 소 4마리의 소변 샘플 안의 단백질을 비교 분석한 것이다. 분석 결과 광우병에 감염된 소와 건강한 소의 단백질의 차이가 명확하게 구분되었고, 단백질이 모여 있는 상태를 보고 광우병이 얼마나 진행되고 있는지를 알 수 있었다고 한다.

현재 광우병 검사방법은 소의 뇌 조직에서 샘플을 채취해서 분석하는 형식이다. 이 방법은 검사결과가 나올 때까지 시간이 오래 걸리고 살아 있는 소에게는 검사할 수 없어 많은 한계가 있었다.

캐나다 국립 미생물학연구소가 개발한 새 진단법은 보다 많은 소를 대상으로 실험을 하여 정확성을 입증하고, 진단시약의 대량생산 등의 단계를 통과한다면 광우병 예방과 관리에 큰 도움을 줄 것이다.

혈액형도 변형이 가능할까?

최근 연구보고에 의하면 혈액형 변형이 가능하다는 것이 증명되었다. 혈액형을 변형시키기 위해서는 먼저 각 혈액형의 차이점의 원인을 밝혀야 하는데 이러한 기초연구는 이미 오래전에 되어 있었다. 적혈구는 혈액형 결정의 핵심물질로 보다 구체적으로 보면 적혈구 막의 화학적 성분이 혈액형 차이에 기인하는 것이다. 적혈구 막은 글라이코포린이라고 하는 당단백으로 구성되어 있다. 이 물질은 폴리펩타이드에 당이 결합되어 있는 고분자물질이다. 이 고분자물질의 구성성분 중 하나인 당은 몇 개의 당이 결합한 형태의 올리고사카라이드이며 이에 참여하고 있는 당의 종류에 따라 혈액형이 결정되는 것이다. 따라서 적혈구의 막의 구성물질인 고분자물질에서 핵심적인 당을 분리한다면 혈액형을 변형시킬 수 있는 것이다.

매일 마시는 커피의 제조 원료인 커피콩에서 분리된 효소가 핵심적인 당분자를 분리할 수 있다는 사실이 밝혀져 혈액은행의 오랜 숙원인 혈액형의 변환이 가능해졌다.

미국중앙혈액은행의 골드슈타인은 커피콩에서 얻은 알파-유당가수분해효소라는 효소로써 B형 적혈구를 O형으로 바꾸는 데 성공했다. A, B, O형의 세 사람의 지원자에게 변형시킨 적혈구를 투여한 결과 적혈구 세포의 50% 이상이 1개월 후에도 생존해 있음이 밝혀진 것이다.

같은 원리로 A형 혈액을 O형으로 바꿀 수 있을 것이다. 이에 필요한 효소를 발견하기 위하여 계속 노력하고 있다.

감염을 막기 위한 노력, 미생물학과 면역학

미생물학

　미생물학은 너무 작아서 육안으로는 관찰하기 어려운 생명체, 즉 미생물을 연구하는 학문이다. 바이러스 및 세균의 크기는 10μm 이하인데, 이처럼 크기가 아주 작은 미생물은 현미경을 이용하지 않고는 확실하게 관찰하기 어렵다. 그렇지만 조류나 진균류 중에는 눈에 띨 만큼 크기가 큰 것도 있다. 예를 들면, 빵에 기생하는 곰팡이나 필라멘트형 조류는 육안으로도 관찰할 수 있다. 하지만 이것 역시 미생물학자들의 연구 대상이다.

　병원성 미생물 감염에 의하여 발생하는 질병은 아주 많고 다양하다. 유행성 독감, 폐렴, 식중독, 이질, 장티푸스, 임질, 매독, 폐결핵, 나병 등은 물론이고, 종기 같은 급성 염증 반응의 주원인도 미생물 감염에 의한 것이

다. 어떤 미생물이 어떠한 경로로 우리 몸에 들어오며, 어떤 방식으로 질병을 일으키는지, 미생물에 의한 질병은 어떻게 예방 및 치료할 수 있는지를 연구하는 학문이 약학 대학에서 배우는 미생물학이다.

어떤 미생물은 다른 미생물이 자기 주위에서 성장하지 못하도록 하는 물질을 생산하기도 한다. 이런 물질을 항생물질이라고 하는데, 미생물학자들은 항생물질을 이용하여 우리에게 감염되어 들어온 미생물을 치료하는 기술을 확립하였다. 처음 개발된 항생물질은 페니실린인데, 이는 푸른곰팡이를 배양하여 생산할 수 있다. 페니실린은 병원성 세균 중에서도 임질균 및 매독균 등을 죽이는 작용이 강력한 항생물질이며, 1942년부터 환자를 대상으로 사용되기 시작하였다. 이후 수십 종의 항생물질이 발견되었으며, 항생물질은 현재에도 미생물 감염에 의한 질병 치료에 필수적인 약물로 사용되고 있다.

병원성 미생물과 인간과의 싸움은 끝나지 않았다. 미생물은 자주 변이(mutation)할 뿐만 아니라, 지구상에는 새로운 병원성 미생물이 계속 출현하기 때문이다. 에볼라 바이러스, 후천성 면역결핍증 바이러스, 신종플루 바이러스, 신종 호흡기 바이러스 등 새로운 바이러스가 출현하고 있으며 장출혈성 대장균 및 지금까지 사용되어 온 항생물질에 내성을 나타내는 세균 등 새로운 세균도 출현하고 있다.

병원성 미생물에 의한 질병을 이해하기 위해서는 미생물의 생리, 대사, 형태, 유전과 면역 등에 대해 알아야 한다. 이를 바탕으로 예방법, 진단법 및 치료법이 개발되는 것이다. 질병을 일으키는 미생물에 대하여 깊이 있게 연구하는 학문이 바로 약학 대학의 미생물학이다.

면역학

미생물 감염에 의하여 질병이 발생한다는 사실이 밝혀진 이래, 미생물에 의한 질병을 극복하기 위한 노력도 끊임없이 있어 왔다. 대표적인 예는 에드워드 제너가 개발한 천연두 백신을 들 수 있다. 천연두를 예방하기 위한 천연두 백신이 처음 사용된 것은 1796년이다. 약 200년이 지난 1979년 세계보건기구(WHO)는 지구상에서 천연두 바이러스가 사라졌다고 공식 발표했다. 백신을 이용하여 한 병원성 바이러스를 지구상에서 완전히 퇴치한 쾌거인 것이다. 천연두 외에도 소아마비, 디프테리아, 파상풍 등 여러 가지 질병에 대한 백신이 개발되어 질병 극복에 공헌하였다.

이와 같이, 면역학은 외부로부터 침입해 오는 미생물에 의한 발병을 막아 주는 데 중요한 기능을 하는 생체 방어기능에 대하여 연구하는 학문 분야이다. 보다 구체적으로 말하면, 면역계를 구성하는 면역세포들은 어떻게 만들어지며 어떤 기능을 하는지, 면역세포들 사이에서는 어떻게 상호 협력 작용을 하여 미생물 감염에 대처하는지 등을 연구하는 학문이 면역학이다.

면역계는 한 나라의 군대와 같다고 생각할 수 있다. 외부 침략자에 대한 방어에 필수적인 것이다. 그러나 면역계가 자기 자신을 공격하는 일도 발생한다. 이것이 바로 자가면역질환이다. 대표적인 자가면역질환에는 류머티즘성 관절염이 있다. 알레르기 역시 면역계가 비정상적으로 작동하여 생기는 질환이다. 이와 같은 면역 이상 질환의 발생 기전을 이해하고, 나아가 예방 및 치료방법에 대한 연구를 수행하는 이가 면역학자들이다. 또한, 다른 사람의 조직이나 장기를 이식할 때 나타나는 조직이식 거부반응이 어떤 기전으로 생겨나고 어떻게 하면 이를 최소화할 수 있는지에 대한 연구, 면역반응이 저하되어 생겨나는 면역결핍증에 대한 연구 및 항체를 이용하여 질병을 진단하고 예방하며 치료하는 연구 등 면역학 분야는 매우 다양하며 인류의 건강증진 측면에서 응용성이 매우 높은 분야이다.

생명체의 모든 것을 주목하라!
약품생화학

생명의 본질에 대한 분자 수준의 지식은 놀랄 만한 속도로 발전하고 있다. 생명체를 구성하는 생체 분자의 생물화학적 구조 특성과 기능에서부터 물질대사, 유전자의 구조 및 기능, 생체 내 신호전달까지 생명체의 모든 면을 탐구하는 데 있어 약품생화학과 분자 생물학적 수단이 이용되고 있다. 분자에서부터 세포, 나아가 생명체에 대한 모든 정보를 포함하는 과학이 바로 약품생화학이다. 질병의 치료와 관련된 신약개발은 약품생화학적 지식이 주는 혜택의 일부라 할 수 있다.

생체 분자의 생물화학적 구조와 특징

생체 분자를 구성하는 원소의 99%는 수소, 산소, 탄소, 질소이다. 이들 원소로 구성된 주요 생체 분자에는 단백질, 탄수화물, 지질 등이 있으며 대부분 탄소로 구성되어 있다. 이들 생체 분자는 생명체를 구성하는 근간이 된다. 다양한 생명체를 구성하는 생체 분자의 구조와 기능은 화학적으로 설명될 수 있다. 세포의 기능은 다양한 생체고분자물질에 의해 수행되며, 일부는 단백질복합체 또는 단백질과 유전자 복합체에 의해 수행된다. 이러한 복합체들은 작용하는 동안 커다란 구조 변화를 일으키기 때문에 원자와 분자 구조를 이해해야 한다. 약품생화학에서는 이들 생체 분자의 구조, 화학적 특성, 기능과 생명을 유지하는 데 필요한 역할에 대해 배운다.

효소-반응속도론

모든 생명체 내에서 수천 개의 화학반응들은 매우 빠르게 진행되고 있다. 이러한 화학반응들은 거의 모두 효소를 통해 이루어지며, 수많은 반응들은 각기 다른 목적을 가지고 있다. 어떤 효소는 물질분해를 촉진하지만, 다른 효소는 물질합성을 촉진한다.

생체에너지 생성과 대사조절

살아 있는 생명체 내에서는 영양분을 에너지 또는 화학적으로 복잡한 세포의 최종 산물로 전환시키는 화학적 변화가 일어난다. 이것이 대사다. 대사는 개별반응을 구성하는 수많은 효소반응으로 구성되어 있다. 생물체가 음식물을 이용할 수 있는 능력은 음식물의 화학 성분과 그 생물체에서 일어날 수 있는 대사경로에 달려 있으며 단백질, 탄수화물, 지질과 같은 거대 영양소로부터 생체에 필요한 에너지를 공급할 수 있게 한다. 단백질을 구성하는 아미노산 중에서는 음식물로 반드시 섭취해야 하는 필수 아미노산이 있다. 음식물 속의 탄수화물은 주요 에너지원이며 당생물학 측면에서도 매우 중요하다. 지방은 인체의 여러 조직에서 에너지원으로 사용되며 인지질은 모든 생체막 구성에 있어 필수 성분이다.

유전자의 구조와 기능

DNA는 세포 내에 있는 유전정보의 물리적인 저장소이며 또한 자손으로 전달되는 유전물질이다. DNA는 뉴클레오티드라는 분자로 구성되어 있으며 거의 모든 세포들이 합성할 수 있다. DNA 복제는 가닥이 분리되고 각각이 복사되어 이루어지며 중합효소가 관여하고 있다. DNA 내에 암호화되어 있는 정보의 발현은 그 정보를 RNA로 전사하는 과정에 의존하며 RNA 중합효소가 관여하고 있다. 최종적으로 리보솜은 전령 RNA의 염기서열을 읽어 아미노산을 중합하여 단백질을 합성하다

차멀미 VS 우주병

차멀미는 사람만 느끼는 것일까? 아니다. 개, 고양이, 말, 그리고 기타 대부분의 척추동물에도 나타난다.

그렇다면 차멀미는 왜 느끼는 것일까? 차멀미 현상은 오래전부터 많은 연구가 이뤄져 왔지만 아직 이해되지 않는 점이 많은 상태다. 하지만 지금까지 축적된 자료를 바탕으로 새로운 병에 대한 해결에 나서야 한다. 그것이 바로 우주병이다.

우선 차멀미와 우주병의 관계를 잘 알아야 한다. 차멀미와 우주병이 완전히 동일하지는 않지만 비슷한 점이 많기 때문이다.

차나 배를 탔을 경우 진동이 심하지 않으면 멀미 증상이 비교적 약하지만, 진동이 심하면 멀미 증상도 따라서 심해진다.

우주여행에서도 이와 비슷한 현상이 관찰된다. 우주선 초기 개발단계에 있었던 머큐리(mercury)와 제미니(Gemini) 우주선에서는 공간이 협소해서 머리와 몸통의 운동이 제한되었다. 이 경우 우주비행사는 우주병을 전혀 경험하지 못했다고 한다.

다른 한편 무중력의 영향도 크다고 생각되는데 중력의 영향하에 있던 신체가 갑자기 무중력 상태에 놓였을 때 즉각적으로 이에 적응하기는 힘든 일이다. 따라서 무중력하에서 신체는 적용 변화를 하게 될 것이다. 특히 내이의 평형감각이 비정상적인 자극을 받게 될 것이다. 내이에는 청각과 평형감각 기능을 가진 말단기관이 들어 있다. 뿐만 아니라 지구상에서는 중력의 영향으로 체액이 신체 하부와 수족으로 모이게 되겠지만 궤도상에서는 중력의 영향이 전혀 없어지기 때문에 체액은 신체 상부로 이동하게 될 것이다. 따라서 머리와 목 부위에 집결될 것이다.

이처럼 체액이 상부로 이동하며 중추신경에 직접적인 영향을 미치거나 혹은 내이에 채워져 있는 체액의 화학성분과 압력을 변화시켜 오심, 구토를 유발한다고 생각할 수 있다. 또한 무중력 상태에서 인체로부터 칼슘 손실현상이 나타나는데 내이의 구형낭(saccule)과 난형낭(utricle) 내에 내포되어 있는 탄산칼슘의 작은 결정인 이석이 이러한 칼슘 손실현상의 영향을 받아 오심, 구토의 원인이 된다고 생각하기도 했다. 지구상에서는 내이의 구형낭과 난형낭의 이석이 신체의 평형을 조정하는 기능을 맡고 있다.

천연물질에서 새로운 약효를 찾아내라! 생약학

생약학은 식물, 미생물, 동물 등 생물자원에 존재하는 생리활성물질을 분리 정제하고 화학구조를 밝히며 약효를 검색하는 분야다. 생합성 연구, 대사효소의 유전공학적 조절 등에 대한 연구도 생약학의 몫이다.

생약학의 역사는 인류의 역사와 함께 시작되었다. 질병퇴치의 수단으로 동서양을 막론하고 처음에는 모두 자연 상태의 동물, 식물, 광물 등의 천연물을 직접 사용하거나 간단히 가공하여 이용하였다. 이후 질병에 대한 원인과 치료방법이 확립되어 가면서 약효가 정확하게 증명된 천연물을 엄선하여 채집하고 투약하는 방법을 모색하게 되었다. 과학이 발전하면서 천연물에서 활성성분을 단일성분으로 분리하여 그 작용방법을 밝히는 연구가 꾸준히 이루어졌으며, 현재에는 주목나무에서 유래된 항암제 탁솔(taxol)과 같이 천연물에 함유된 활성성분을 직접 의약품으로 사용하거나, 그 구조를 다소 변형시켜 보다 약효가 확실하고 안전성이 높은 의약품을 합성하여 사용하게 되었다.

이와 같이 자연에서 생산되는 각종 천연물들이 질병을 치료하는 의약품으로써 큰 비중을 차지하게 된 것이다. 더 나아가 새로운 합성의 약품의 소재로도 주목을 받게 되었고, 최근에는 대체의약품이나 기능성 식품에 이르기까지 활용성이 점차 확대되고 있는 추세다.

우리나라의 동의보감과 같이, 각 민족에게는 오랜 경험에 의해 약효가 증명된 귀중한 정보들이 있다. 이러한 지식은 오늘날의 신약개발에 중요한 정보를 제공한다. 유럽의 동종요법(Homeopathy), 인도의 아유루베다(Ayurveda), 인도네시아의 자무(Jamu) 요법 등은 현재까지도 유용한 토착요법이다. 현대의약과 쌍벽을 이루고 있는 동양의약의 경우 물리요법에 있어서는 황제내경, 약물요법에 있어서는 상한론, 본초에 있어서는 신농본초경 등이 잘 알려져 있다.

천연물은 그 자체를 약물로 사용할 수 있으며, 천연물-성분-약효의 상관관계에서 그 유효성분이 의약품으로 개발되었다. 강력한 진통제인 모르핀이 아편으로부터 개발되었고, 키나피에서 항말라리아 치료제인 퀴닌이, 또 주목나무에서 항암제인 탁솔이 의약품으로 개발되어 사용되고 있다.

현재 자연계에는 적어도 25만 종의 식물과 3,000만 종 이상의 곤충, 150만 종의 진균류와 그 이상의 조류(algae)와 원핵생물(prokaryotes)이 존재하는 것으로 알려져 있다. 이들은 생태계 안에서 방어, 공생, 수분 등의 상호작용을 하는데, 화학성분이 중요한 매개체 역할을 한다. 이러한 생물다양성은 곧 새로운 화학구조와 약효를 가

약학 대학에서는
무엇을 배울까?

지고 있는 유효성분을 얻을 수 있는 가능성을 높여 준다.

천연물은 전통적으로 의약품 개발의 중요한 원료로 인식되어 왔다. 현재까지 개발된 신약의 50% 이상이 천연물이거나 천연물에서 유래한 성분이며 항균제와 항암제의 60~80%가 천연물 기원의 물질이다. 생물다양성에 기인한 화학다양성은 앞으로도 신약개발에 유용한 선도물질을 제공하는 데 기여할 것이다.

뿐만 아니라 생약학은 천연물 영역에서 한걸음 더 나아가 효소의 작용으로 대사산물이 얻어지는 과정을 연구하는 대사체학(metabolomics)을 지향하고 있다. 유전자 mRNA, 효소, 대사산물의 관계를 밝혀 생리활성 천연물의 생산을 종합적으로 조절하는 것이다. 이러한 유전공학적인 방법을 이용해 품종개량과 유용물질의 대량생산이 가능하다.

천연에서 추출된 선도화합물(lead compound)은 천연에서 추출 분리된 후 구조 최적화에 의한 약리활성의 증가를 거쳐 의약품으로 최종 개발된다. 최근 생리활성 검색시스템의 개선과 분리분석기술의 발전 등으로 유용한 선도물질을 보다 효율적으로 찾아내는 기술이 비약적으로 발전하였다. 전 세계적으로 다양한 천연물질로부터 새로 약효성분이 발견될 경우, 인류의 심각한 질병을 예방하고 치료할 수 있는 다양한 의약품이 개발될 것이다.

우리나라 자생식물을 활용한 신약개발

천연물을 활용한 신약개발이 이뤄지고 있다. 천연물 의약품은 유기합성물질에 비해 독성이 없고 효과가 확실하기 때문이다.

우리나라에서 자생하는 천연물에 대한 연구도 활발히 진행되고 있다. 그리하여 2007년 12월, 하나의 결과를 얻을 수 있었다. 조류 인플루엔자는 물론 사스와 독감, 장염 등 각종 바이러스에 효과가 탁월한 의약 후보물질이 개발된 것이다.

우리나라에서 자생하는 어성초에서 분리한 천연물질에서 인플루엔자 바이러스의 증식억제 효과가 뛰어난 플라보노이드 화합물이 발견된 것이다. 기존 항바이러스 의약품이 일부 바이러스 감염질환에만 효능을 나타내는 데 비해 이 물질은 넓게 활용되는 장점도 있다. 코감기를 일으키는 라이노바이러스와 장염을 일으키는 노타바이러스 등 여러 가지 바이러스에도 효과를 나타내는 것이다.

뿐만 아니라 동물에게도 큰 효능을 나타내며 제조공정이 기존 인플루엔자 치료제의 1/3 수준으로 간단해서 경제적이기까지 하다. 이 천연물질은 안전성이 뛰어나 앞으로 조류 인플루엔자와 사스 등 새로운 바이러스 질환이나 치료제가 없는 기존 바이러스 질환에도 적용하는 등 글로벌 신약으로 성장할 것으로 기대된다. 이처럼 식물자원은 부가가치가 높은 신약개발이나 식품산업에 있어 매우 중요한 자원이 되고 있다.

한국식물추출물은행은 국내 자생식물에 대한 체계적인 연구의 필요성에 의해 2001년에 설립되었다. 우리나라 곳곳을 다니며 자생 희귀식물을 발견하고 이들을 보호하기 위해 애쓰고 있다. 그리고 국내 자생식물

약학 대학에서는
무엇을 배울까?

은 물론 생약, 국외식물 등 식물추출물 시료를 확보해 산학연 연구자에게 분양한다.

2007년 3월을 기준으로 87개 기관에 18만 6,000여 점의 시료를 분양해 국내 BT 분야 연구자들의 연구를 돕고 있다. 그 결과 아토피 개선제, 관절기능 개선제, 천연 립밤, 뇌신경 보호제 등 많은 제품들이 식물추출물은행의 자생식물 시료로부터 개발되는 성과를 얻었다.

2011년 9월 1만 7,725건의 시료(자생식물 3,825시료, 시판생약 800시료, 해외식물 1만 2,000시료)가 연구자들에게 분양 중에 있으며, 분양 실적은 자생식물 시료는 33만여 점, 해외식물은 19만여 점(2011년 6월)에 이르고 있어서 많은 국내 BT 관련 연구자들의 연구를 돕고 있다.

동아제약의 위염 치료제 '스티렌'

지난 2002년 동아제약이 발매한 천연물 위염 치료신약 '스티렌'은 발매 1년 만에 70억 원의 매출을 이루는 등 많은 사람들의 주목을 받고 있다.

동아제약과 서울대 천연물과학연구소가 공동 개발한 스티렌은 세포보호 물질인 프로스타글란딘의 생합성을 촉진해 위점액분비를 증가시키고 위벽세포를 보호하며 항산화 해독기전을 나타내는 글루타티온의 양을 증가시킴으로써 위 자체의 방어기능과 회복기능을 강화하는 국내 최초의 위점막 보호제다.

우리나라 사람들에게 가장 많이 자주 발생하는 질환인 위염은 치료제가 많지만 대부분 위산분비억제와 헬리코박터파이로리균 제균(除菌)에 초점이 맞춰져 있어 치료 후 재발률이 높다. 이러한 위염 공격인자억제제와는 달리 '스티렌'은 위의 방어기능에서 가장 중요한 위점막 재생작용을 촉진해 위염의 고질적인 재발률을 낮추는 데 성공한 것이다. 이로써 위염 치료제의 새로운 패러다임을 제시한 셈이다.

스티렌의 유효성분은 약쑥에서 추출한 유피틸린으로 서울대 천연물과학연구소 이은방 교수가 국내신약을 검색하던 중 위염과 위궤양에 강력한 치료효과를 나타낸다는 것을 발견한 데서 비롯되었다고 한다. 이 같은 내용은 지난 93년 제52차 세계 약학연맹에서 발표된 것을 시작으로 이후 25편에 달하는 연구논문들이 해외학술지에 꾸준히 게재되면서 학술적으로도 높은 평가를 받아 왔다. 특히 스티렌은 국내에도 자원이 풍부한 약쑥으로부터 유효성분을 추출, 분리해 개발했기 때문에, 자원 활용 면에서나 부가가치 면에서도 높은 평가를 받고 있다. 또한 대외 경쟁력을 높일 수 있는 좋은 사례로도 평가받고 있다.

현대 의학의 또 다른 해결책, 한약학

한약학은 21세기 생명과학 분야(Bio Technology)의 중요성 증대와 때를 같이 하여 새로이 각광받는 분야이다. 한약학이라는 학문이 따로 독립되어 약학 대학의 한약학과 교육에 포함된 역사는 그리 오래되지 않았다. 한약학과는 이러한 한약학을 학문의 중심에 두고, 전통과 첨단의 조화 속에서 독창성을 발휘할 수 있는 학문 체계를 추구하고 있다. 한약학 전공자들은 첨단과 전통의 조화 속에서 독창적인 인재가 되기 위해 한방 관련 교과인 본초학, 포제학, 한약방제학, 한방병리학, 한방생리학, 한방진단학, 한약학개론, 한약한문 등의 과정을 이수하고, 더불어 생리학·해부학·병리학, 독성학, 생약학, 천연물화학, 한약약제학, 한약약리학 등을 통해 현대 과학지식을 배우고 있다.

한약의 역사는 약 5,000년 전으로 거슬러 올라간다. 《삼국유사》의 쑥과 마늘에 대한 기록이 약용식물의 시작으로, 기원전 3000년 동양의 전설적 인물인 신농의 약미로 구별한 본초 365종에 대한 역사와 맞물려 약의 기원으로 인정받고 있다. 이처럼 한약은 동양 삼국(한·중·일)에서 수천 년의 역사를 자랑하며 경험적으로 임상을 거친 약물로 인정받고 있다. 최근 한약재와 한의약 개발의 방향을 보면 합성이나 분리 정제된 단일성분으로의 약의 가치보다 복합제제로써 한약의 다양한 복합성분의 개발이나 방제의 유용함을 더 중시하는 경향을 볼 수 있다. 현대 시스템으로는 그 방제가 어떻게 그런 좋은 치료제가 될 수 있는지를 밝히는 것이 쉽지 않지만, 유럽이나 미국에서 현대 의학의 한계를 극복하기 위해 1990년부터 대체의학이라는 분야를 새롭게 설정하고, 각 나라의 민간요법을 그 분야에 끌어들여 연구의 박차를 가하고 있다. 네 가지 본초로 구성된 평위산이 심각한 피부질환인 아토피를 치료한다는 예들을 많이 접할 수 있다. 또한 중이염을 오랫동안 앓다가 청력에 이상이 생긴 경우, 이비인후과에 가도 특별한 치료가 이루어지지 않는 환자에게 형개연교탕을 이용해 쉽게 청력을 되살아나게 한 예들이 있다. 현대 의술이 불치로 판정한 환자가 한약 처방 한두 첩으로 큰 차도를 보일 때, 한약의 위력에 놀라움을 금치 못하는 경우가 있다. 그리고 한약 한 가지를 사용할 때보다 몇몇 한약을 함께 사용할 때 그 효과가 배가되는 경험을 하기도 한다.

현대 생명과학을 익힌 약학자·한약학자들에 의해 한

약은 계속 연구될 것이다. 이로 인해 고전 한약서들에 기록된 이론들이 실험을 통해 새로운 효능을 갖고 있는 한약으로 발돋움해 원전에 수록된 약성이론들이 조금씩 가미되어 새로운 약물로 얼마든지 발전할 것이다. 이처럼 오늘날 우리가 사용하고 있는 한약은 현대 생약학적 의미 이상의 포괄된 의미와 장점을 갖고 있다. 우리가 발견해 낸다면 그 장점은 얼마든지 발휘될 것이다.

중국 의약서 알아보기

물리요법의 최고의서 《황제내경》

내경(內經)이라고도 하며, 중국의 의학서 중 가장 오래된 것이다. 중국 신화의 인물인 황제와 그의 신하이며 천하의 명의인 기백과의 의술에 관한 토론을 기록한 것이라고 전해진다. 18권으로 이뤄져 있으며 전반 9권은 소문, 후반 9권은 영추로 구분된다. 소문은 천인합일설(天人合一說)·음양오행설(陰陽五行說) 등 자연학에 입각한 병리학설을 주로 다루고 있으며 실제 치료에 대한 기록은 거의 없다. 후반 영추는 침구(鍼灸)와 도인(導引) 등 물리요법에 대해 자세하게 기록하고 있는 반면, 약물요법에 대한 기록은 거의 없다.

약물요법의 최고의서 《상한론》

《금궤요략》과 함께 한방의 쌍벽을 이루는 한의학서다. 중국 의학에서 약물요법의 대성자로 불리는 후한의 장중경이 저술했다고 전해진다. 원래 《상한잡병론》이란 이름으로 급성열성전염병과 그 밖의 질환에 대한 치료법을 나타낸 것이었는데, 3세기 말 진나라 왕숙화가 이것을 상한과 잡병으로 나누어 하나는 《상한론》, 다른 하나는 《금궤요략》으로 개정하였다. 상한이란 외감(外感)을 원인으로 하는 병의 총칭으로 책의 내용은 이들 각종 병증(病症)에 대하여 경험상 알려진 약재의 처방법을 지시한 것으로 실용 위주의 문헌이라 할 수 있다.

본초의 최고의서 《신농본초경》

　중국의 후한에서 삼국시대 사이에 성립된 본초서이다. 양나라의 학자 도홍경이 6세기 초에 교정한 것으로 후세의 본초서는 모두 이것을 조술한 것이다. 365종의 약품을 상·중·하의 3품(品)으로 나누어 각각 기미(氣味)와 약효(藥效), 이명(異名)을 서술했다.

약료경영학은 무엇일까?

약료경영학은 1970년대 미국에서 건강유지조직법이 만들어진 이후 발전된 새로운 학문이다.

생명과학의 발전으로 새로운 신약이 지속적으로 증가하고 인구가 고령화 되면서 약제비가 급속도로 증가했다. 이에 따라 약제비 증가속도를 억제하고 의약품에 대한 경제성을 보장하기 위한 국가정책이 만들어졌고, 이러한 정책 을 실행하기 위한 학문이 발전하게 된 것이다.

약제비의 효율적인 관리를 위해서는 수많은 의약품 중에서 비용효과적인 것을 선별해야 하며, 불특정 다수의 피보험자에게 안전하고 효과적인 약물소 비가 이루어질 수 있도록 하는 처방검토와 안전한 조제투약을 보장하는 대책 이 필요하다. 이를 위해 약학의 학문 영역에서 약물경제학이라는 학문이 등 장했고, 약물치료의 안전을 보장하는 약물 사용 평가학 등이 발전했다.

우리나라와 유사한 약업 환경을 갖고 있는 미국의 경우, 의료현장에서의 임상활동으로 전문성을 갖춘 약료경영학 전공 약사가 다수 양성되어 이들의 활발한 활동으로 약제비 관리 체계가 효율적으로 이뤄지고 있다. 이처럼 의 약품이 생산, 유통과 소비이 전 과정을 약외 전공자인 약사가 주도적으로 관 리한 결과, 제약 산업의 경쟁력을 유지하며 약제비 적정화도 동시에 이루는 성과를 거두고 있다.

이들 약사들은 주로 약제비를 관리하는 정부기관, 사보험단체, 약제비보험 회사(PBM), 제약기업, 대학 등에 진출하고 있으며 약사직종에서 가장 유망 한 직업으로 발전하고 있다. 이들 약료경영학 전공 약사들의 주요 연구영역은 약물경제학과 의약품사용의 안전과 질을 향상시키기 위한 연구 등이다.

　우리나라에서는 아직 약료경영학 전공 약사가 양성되지 않고 있지만, 약학대학에서의 교육이 보완되고 연구 활동이 활발히 이뤄져 앞으로 많은 전문약사가 양성될 수 있을 것이다.

기초와 임상의 교두보 역할을 하는 병태생리학

　우리나라 약학교육은 2011년부터 4년제에서 6년제로 시스템이 전환되어 그 교육내용에 임상약학이 강화되고 또한 임상실습을 포함하여 1년간의 실무실습교육이 도입되는 새로운 약학교육제도(2+4년제)가 수행되고 있다. 그 변경된 교육내용의 주된 골자는 임상의 강화이다. 이를 위해 앞으로의 약학교육에서 해부학, 생리학 및 병태생리학의 학문이 4년제 약학교육과 비교하여 큰 영역을 차지할 것이며 또한 약사국가고시 과목에서도 중요한 부분을 담당하게 될 것이다.

　2000년 7월, 의약분업 실시 후 약사의 직능에서 질병과 약물 선택, 질병과 약물용량 등에 대한 환자 대상의 복약지도 등 약학교육 내 질병에 관한 학문이 중요시된 것은 주목할 만하다.

　대한민국 약사의 약 90% 이상이 약국(지역약국, 병원약국)에서 근무하고 있으나, 4년제 약학교육에서는 의약품의 합성 및 조제에 관하여 많은 교육이 이루어졌던 것에 반하여 인체의 해부·생리 및 병태생리 등을 이용한 인체의 질병에 관하여 소홀히 교육하여 온 것이 사실이다. 미국 및 기타 선진국의 약학교육에서 볼 수 있듯이 임상약학교육을 위하여 해부·생리학뿐 아니라 병태생리학 교육이 필수적으로 수행되어야만 하고 이를 바탕으로 비로소 임상실습을 이수할 수 있는 제도가 마련되어야만 한다.

해부·생리학의 중요성

임상에서 환자를 접하는 약사는 그 환자를 위한 약물 처방에 대한 올바른 지식뿐 아니라 인체와 약물 간의 상호작용 등의 기본 지식이 요구된다. 이런 측면에서 인체 해부학 및 생리학은 의학뿐 아니라 약학의 기초가 되어야 한다. 인체에서 일어나는 복잡한 현상을 이해하는 것은 참으로 중요하다. 다양한 생명과학 분야 중에서 해부학과 생리학은 사람의 몸 구조와 기능, 생리현상을 다루는 학문으로써 물질과 인체와의 상호작용, 특히 약물과 인체의 상호작용에 대하여 교육하고 이를 학습함으로써 나아가 신약개발을 포함하여 국민보건의 질적 향상 및 보건의료 산업의 발전에 기여할 수 있는 학문이다. 이를 위하여 인체 내 생명현상에 대한 이해가 가장 우선시되어야 할 것이고 이러한 기초 위에 다른 약학 분야의 학문이 쌓여야 할 것이다.

기초와 임상을 연결하는 필수역할을 담당하는 병태생리학

약학이라는 학문의 최종 목표 중 하나는 국민 건강을 목적으로 의약품의 개발과 그 의약품을 이용한 질병 치료이다. 질병을 이해하지 못한다면 약학이란 학문은 무의미하다.

인체는 항상 안정 상태를 유지하려는 성질(항상성, homeostasis)이 있으며 안정되지 못한 상태, 즉 질병이 있으면 인체의 세포, 조직의 형태 및 장기의 기능 이상 등이 발생하여 환자 본인이 주관적으로 느끼는 통증, 현기증 등의 증후(symptoms)와 다른 전문가가 보고 판단하는 호흡수, 맥박, 창백함 등의 객관적인 증상(또는 징후, sign)이 나타난다. 병태생리학은 질병에서 나타나는 이러한 증상과 증후가 어떤 원인, 어떤 기전을 통해 왜 나타나는가를 주로 연구하여 질병의 예방, 진단 및 치료에 중요한 정보를 제공하여 주는 학문이다.

약학 대학이 추구하는 약학은 사람을 대상으로 하는 학문으로 환자를 치료하기 위해 우선 질병의 병태생리를 잘 이해하여 적절한 상담을 제공함과 동시에 질병 치료에 필요한 교육을 실시하는 것이 중요하다. 또한, 환자에게 적당한 약물과 제형 등을 선택하여 부작용 없이 투약하여 양질의 약물요법이 적용되도록 하는 학문이다. 때문에 질병을 연구하는 병태생리학은 약물치료학(약물요법)과 더불어 임상 교육에서 중요한 교육 내용 중 하나이다. 또한 나아가서는 특정 질병에 대한 진단기술의 개발, 의약품의 치료 효능 및 약리 기전 검색, 독성 등 신약개발의 초기 단계에서부터 의약품 효능 시험에 사용할 수 있는 in vitro, in vivo 질병 모델 확립까지의 전문 연구를 수행할 수 있는 중요한 학문 분야이다.

임상 교육이 강화되는 6년제 약학교육에 있어서 병태생리학의 중요성은 더욱 강조된다.

사회적 차원에서 의약품 치료성과의 최적화를 추구하는 사회약학

사회약학이란?

6년제 약학교육이 시작되면서 우수 약무를 수행하고 글로벌 경쟁력을 갖춘 약사를 배출하기 위해 과거 4년제 약학교육에서 수용하지 못했던 다양한 학문 분야를 새로이 약학교육에 도입하고 있다. 그중 하나가 '사회약학' 교육이다.

사회약학이란 의약품 및 약사 서비스, 환자와 관련된 사회 현상과 영향에 대하여 경제학, 경영학, 사회학, 보건학 등 사회과학적 이론과 방법론을 적용하여 관련 현상을 체계적으로 설명·예측하고 문제 해결을 위한 다양한 수준의 개입 방안을 제시함으로써, 궁극적으로는 사회적 차원에서의 의약품 치료 성과(treatment outcomes)를 최적화하고자 하는 학문 분야이다. 또한 사회약학은 의약품의 개발, 허가, 보험 등재, 유통 및 사용(환자 개인 혹은 인구집단) 등 의약품의 전주기와 관련된 사회적 현상과 영향을 사회과학적 방법론을 적용하여 연

약학 대학에서는
무엇을 배울까?

구·고찰함으로써, 약사들이 약과학 지식을 보다 전략적이고 효과적이며 효율적으로 활용할 수 있도록 지원하는 학문 영역이다.

사회약학에서는 개인의 약물 사용뿐 아니라 가족, 조직, 지역 사회, 문화, 국가 등 집단에서의 약물 사용에 관심을 가지며 보다 거시적 차원에서 학문적 관심 분야에 접근한다. 사회약학에서는 환자에게서 나타나는 의약품 치료성과의 최적화가 의약품 고유의 치료가치(임상시험에서 보여 준 효능 및 안전성)뿐만 아니라 의약품의 허가와 보험 등재, 의료인의 진료행태 및 의료인과 환자 사이의 관계, 그리고 보건의료체계의 특성 등 사회 환경적 요소에 좌우된다고 본다. 따라서 사회약학은 숲을 보지 않고 나무를 이해할 수 없다는 학문적 시각을 견지하고 있다.

아무리 우수한 신약이 개발되어도 신약의 허가 및 보험 등재를 위해 요구되는 과학적 근거나 관련 제도에 대한 이해가 없다면 우수한 신약이 시장에 소개되지 못하여 국민들의 의약품 접근성은 확보될 수 없다. 의사가 처방한 의약품을 약사가 아무리 정확하게 조제한다고 해도 환자 개인이나 집단의 복약행태를 이해하고 이를 개선하기 위한 적절한 행태학적 방법론과 전략이 뒷받침되지 않는다면 의약품의 기대효과는 달성되지 못할 것이다. 또한, 국가보건의료체계의 구성 요소(조직, 자원, 재정, 서비스 전달체계 등)와 이들의 유기적인 관계를 잘 알지 못한다면 보건의료체계 내에서 약사의 역할을 충분히 발휘하고 더 나아가 약사의 잠재적 역량의 창조적인 개발이 어려울 것이다. 따라서 사회약학에서는 의약품과 약무를 둘러싼 사회적 이슈를 이해하고 이에 대한 문제해결능력을 키우기 위해 약학 대학 졸업생이 갖추어야 할 사회약학의 기초 지식과 방법론을 소개하고 있다. 앞서 설명한 바와 같이 사회약학은 경제학, 경영학, 사회학, 행태학, 보건학 등 다양한 사회과학적 방법을 적용하고 있어 그 범주가 방대하고 세부전공영역별로 심도 깊은 이론과 방법론이 개발되어 있어 대표적인 다학제적 융합학문이라고 할 수 있다.

사회약학의 세부 분야

사회과학에 기반한 사회약학의 대표적인 세부 분야는 약무정책학(pharmaceutical policy), 사회행태약학(socio-behavioral pharmacy), 약국경영학(pharmacy management), 약물역학(pharmacoepidemiology), 약물경제학(pharmacoeconomics) 등이 있다.

약무정책학(Pharmaceutical Policy)

약무정책학은 국가 정책의 기본 개념, 정책 개발 및 우선순위 결정, 집행 및 평가에 관한 정책학의 기초 이론을 약무정책에 적용하는 학문이다. 주요 내용에는 약무행정 조직체계 등 약무행정의 전반적인 현황 이외에 의약품 안전 정책, 의약품 보험 등재 및 가격 결정에 관한 건강보험정책, 약제비 적정화 정책, 약사 인력 수급 정책, 약국 보험 및 질 관리 정책, 의약품 유통 및 제약산업 정책 등이 포함된다. 약무 정책은 보건의료 정책과 밀접히 연계되어 있으므로 보건의료체계 및 건강보험제도에 대한 포괄적인 이해가 필요하다.

사회행태약학(Socio-Behavioral Pharmacy)

사회행태약학은 사회학, 심리학, 행동과학 등의 이론과 연구 방법에 기초하여 의사의 처방행태, 환자의 복약이행도 등 의약품 사용 관련 행태의 본질을 이해하고 이와 관련된 이론을 정립하는 학문이다. 개인의 건강 및 질병행태이론을 학습함으로써 약사가 의료소비자의 의약품사용행태를 보다 포괄적으로 이해하고 적극적으로 행태모형을 개발, 실행할 수 있도록 교육하고 있다. 의사의 처방행태의 영향 요인과 사회경제적 파급효과, 그리고 환자의 복약순응도의 다양한 개념과 영향요인을 학습함으로써 복약순응 향상을 위한 약사의 역할을 고찰하고 있다. 오늘날 일반 대중의 의료에 대한 권리 의식이 더욱 높아짐에 따라 치료 과정의 파트너로서 환자와의 관계 형성 능력 및 의사소통 기술이 점점 더 중요해지고 있다. 따라서 환자의 복약이행도, 자가 투약에 대한 체계적인 지식 등 소비자의 약 사용 현상에 대한 이해가 중요하다.

약국경영학(Pharmacy Management)

약국경영학에서는 경영학적 지식에 기반하여 약국 경영환경에 대한 분석, 경영전략의 개발 및 기획 등을 다룬다. 구체적으로는 약국 서비스의 질 관리 및 서비스 경쟁, 의약품 구매 및 재고관리, 약국의 재무관리, 정보관리, 인적자원 관리 등을 다룬다. 약국 간 경쟁의 심화, 비약사의 약국시장 진입 가능성 등 약국의 미래 환경 변화에 적극적으로 대응하기 위해서는 약국 경영 효율화 방안에 대한 지속적인 연구가 필요하다. 특히, 우리나라 약사의 80% 이상이 지역약국에서 근무하고 있음을 고려할 때 약국 경영자로서 약사의 역량은 중요하다.

약물역학(Pharmacoepidemiology)

약물역학은 인구집단에서 약물 사용으로 인하여 발생하는 이롭거나 해로운 결과의 빈도를 파악하고, 역학적 지식 및 연구방법론을 적용하여 특정 약물복용과의 관련성을 분석하는 학문 분야이다. 시판 후 의약품 안전 관리(post-marketing surveillance)에 대한 필요성이 강조되면서 의약품 부작용을 보다 과학적으로 분석하기 위한 약물역학적 연구 방법론 개발과 그 적용이 중요해지고 있다. 최근에는 근거 중심(evidence-based) 의약학에 대한 사회적 관심이 증대되면서 의약품 및 약료서비스에 대한 성과 연구(outcomes research)가 약물역학과 연계하여 활성화되고 있다.

약물경제학(Pharmacoeconomics)

약물경제학은 경제학 이론에 기반하여 약과 약사 서비스의 경제적

가치를 평가하는 학문이다. 비용-효과성 분석 등 경제성 평가를 통하여 신약의 보험 등재 및 약가 결정에 중요한 근거를 제시한다. 경제학 이외에도 의약품의 안전성과 효과성에 대한 약학적 지식, 질병에 대한 의학 및 역학적 지식, 체계적 문헌고찰과 메타분석 등의 통계학 등 다학제적으로 연계되어 있는 학문 분야이다.

오늘날 의생명과학의 눈부신 발전과 더불어 의사, 약사, 간호사 등 보건의료인의 전문성에 대한 사회적 기대와 수요가 커지고 있다. 인구 고령화 등 인구 구조의 변화, 보건의료서비스에 대한 사회 계층별 수요의 다양성, 소비자 중심의 보건의료서비스 시장, 보건의료현장에서 인공지능의 활용 등 다양한 사회적 변화를 경험하고 있다. 한편, 우리 나라를 비롯하여 국가건강보험제도를 가지고 있는 나라의 경우 제한된 보건의료자원의 효율적 사용을 위한 다양한 의사결정체계가 복잡하게 얽혀 있다. 이러한 환경 변화에 적극적으로 대응하고 선진국형 보건의료시장에 걸맞은 우수 약무 서비스를 제공할 수 있는 약사를 양성하는 데 사회약학이 기여할 수 있기를 기대한다.

〈실습일지〉

약학도들의 생생한 실습 현장 이야기

서울대병원 약제부 실습

학문의 세계를 직접 경험해 볼 수 있었던 소중한 경험

약제학 실험 중 하나로서 지난주 금요일에 일일 서울대학병원 약제부 실습을 했다. 이번 실습은 졸업 후 약사로서의 진로 중 하나인 병원 약제부를 보고 그곳에서 약사들이 실제로 어떤 일을 하는지에 대해 경험해 보는 것이었다. 원래의 취지에 따르자면 며칠 동안 직접 참여하여 배워 보는 것이 바람직하지만 하루라는 짧은 기간 동안 병원 약제부의 많은 분야를 다 경험해 볼 수는 없어서 일종의 견학형식으로 이루어졌다.

일정은 오전 9시부터 시작하여 오후 6시까지 오전에는 세미나실에서 강의가 이루어지고, 오후에는 직접 병원을 돌아보는 형식이었다. 먼저 서울대병원 약제부에서의 임상약학 업무에

약학 대학에서는
무엇을 배울까?

대해 간략히 설명을 들었다. 병원 약제부에서 하는 일은 약의 조제와 약국 업무 정도로만 생각했는데 실제로는 약무정보, 외래 조제, 입원 조제 등 아주 다양한 업무 파트가 있다는 것을 알게 되었다. 그 후 병원, 약무과, 조제과, 소아약제과 등 각 부서의 소개를 들었다. 점심시간에는 제약에서 신약(klaricid XL) 소개가 있었다. 그리고 3시부터 5시까지 조제과, 약제과 등을 직접 돌아보며 그곳에서 하는 일에 대한 설명을 들었다. 가장 인상 깊었던 것은 병원 약제부의 첨단화였다. 약을 일일이 세어 봉투에 담는 것이 아니라 입력만 하면 수량대로 봉투에 담아지는 기계와 검체의 자동 이송 등이 눈에 띄었다. 약제부에서는 현재 시범적으로 환자 개개인을 모니터할 수 있는 'unit drug system'을 시행하고 있었는데 매우 효과적이라 생각되었다. 또 약국에서 환자들의 편의를 위해 간단한 약을 먼저 타 갈 수 있도록 배려하는 시스템도 기억에 남는다. 5시부터 6시까지는 약제부의 심장 판막수술에 대한 금요 세미나에 참석하였다.

　이번 병원 약제부 실습을 통해 수업으로만 배우던 학문의 실제 적용을 볼 수 있었고, 앞으로의 진로에 대해 다시 한 번 생각해 볼 수 있었다.

제약공장 방문기
살아 있는 전공 교육을 피부로 느끼다!

　약대 4년을 다니면서 정작 약과는 무관하게 지내 왔다고 생각하던 차에 제약공장 방문은 피부에 와 닿는 체험이었다. 이

제야 비로소 진정한 의미에서의 살아 있는 전공교육을 받게 되는구나 하는 기대와 내가 졸업반이 되었고 사회 나갈 날도 얼마 남지 않았구나 하는 현실을 직시함으로써 오는 걱정도 뒤따랐다. 이런 여러 가지 감정들을 안고 버스에 올랐다.

천안에 있는 종근당 신약개발 연구소 겸 공장까지는 약 1시간 남짓 걸렸다. 공장이 지어진 지 얼마 안 되어서 그런지 멀리서 봐도 산뜻했다. 입구의 커다란 종이 인상적이었다. 깨끗한 식당에서의 점심식사 후에 세미나실에서 부사장님의 강연을 들었다. 미국 NIH에서 30년간 암에 대해 연구를 하신 분이라고 소개를 받았다. 우선 부드러운 인상이셔서 친근하게 느껴졌는데 학교 선배님이라는 사실에 더욱 호감이 갔다. 그분께서는 자신의 살아온 인생에 관한 이야기를 하셨는데 단순히 지식 습득을 위한 강의보다 더 큰 도움이 되었다. 약대를 선택하게 된 동기며 병역에 관한 얘기, 미국에서의 공부, 연구생활, 그리고 우리들이 가져야 할 자세, 고쳐야 할 잘못된 생각들을 말씀해 주셨다. 그분의 강의가 끝났을 때는 유난히 박수소리가 컸던 것 같았다.

이제 본격적으로 공장 투어를 시작했다. 공기의 청정도를 유지하기 위해 특수 모자와 가운, 덧신을 신고 공장을 돌았다. 모든 방들이 GMP 규격에 맞게 설계되었고 대부분이 자동화되어 있었다. 심지어 물건 운반도 LDV(laser guided vehicle)가 자동으로 수행하고 있었다. 수액제실, 고형제실 등을 돌면서 약제학 실습시간에 했던 비슷한 작업, 기구들을 확인했다. 물론 시설 면에서는 학부 실험과는 비교할 수 없는 설비들을 갖추고 있었다.

공장의 투어가 끝나자 연구실을 견학했다. 연구실은 의약품 합성실, 임상실험실, 분석실 등 다양한 파트로 나누어져 있었다. 각 파트의 장들이 직접 실험실에 대한 소개를 해 주시고 실험실 내부도 둘러볼 수 있도록 배려해 주셨다. 다른 제약회사는 가 보지 않아 비교를 할 수 없지만 내가 느끼기에는 시설들도 잘 갖춰져 있고, 각 파트와 유기적인 연관성을 지니면서 각자가 맡은 연구들을 수행하는 것 같았다. 그러나 아쉬웠던 점은 연구원들의 수가 적어 양적으로 많은 연구성과를 산출하기는 힘들 것 같았다.

종근당 공장에 대한 전반적인 느낌은 상당히 현대화되었지만 연구 규모는 작은 편이라는 것이다. 그래도 이 정도의 규모와 수준의 제약공장을 국내에 건설했다는 사실이 조금은 놀랍게 느껴졌다. 만약 국가에서 지원을 더 늘려 준다면 막 성장하기 시작하는 제약산업의 발전 속도가 더욱 가속화될 것이다. 그리고 제약회사에서는 R&D 투자를 늘려 더 많은 연구성과를 창출하고 연구원들에 대한 대우도 개선해야 한다. 이런 생각들을 안고 하루 동안의 종근당 천안 공장 견학을 마치고 서울로 돌아왔다.

약학 대학을 졸업하면
어떤 일을 하게 될까?

1. 국민 건강 지킴이, 약사

2. 신약개발 오케스트라의 지휘자, 신약개발 연구자

3. 포스트 게놈 시대 새로운 직업! 맞춤형 의약품 디자이너

4. 의약품의 효과적이고 안전한 사용을 위한 안내자, 약물치료 전문가

5. 미래에 새롭게 생길 직업들

국민 건강 지킴이, 약사

약대 졸업자의 약 80%는 약사국가시험에 합격하여 보건복지가
족부장관이 부여하는 약사면허를 취득하고 약사가 된다. 약사는 한약
에 관한 사항을 제외한 의약품과 의약외품의 제조, 조제, 감정, 보관
등과 관련된 사항을 담당하는 사람이다. 이 중 의약품의 조제와 판매
는 약사가 아니면 수행할 수 없는 업무이지만, 그 외의 업무들은 반드
시 약사이어야 할 필요는 없다.

약대를 졸업하고 대부분 약사면허를 취득하지만, 약사면허를 취득
하지 않고서도 약학 대학을 졸업하면 비약대 출신에 비해 상대적으로
매우 유리한 점이 많다. 2007년 11월 21일 한국직업능력개발원에서
주최한 '글로벌시대, 한국인의 직업관' 주제의 세미나에서 미국, 일본,
독일과 직업의식을 비교한 결과를 발표했는데, 한국에서는 국회의원,
약사, 중·고교교사가 상위권으로 평가되었으며, 일본에서는 의회의원,
약사, 소프트웨어개발자가, 미국에서는 소프트웨어개발자, 기계공학엔

약학 대학을 졸업하면
어떤 일을 하게 될까?

지니어, 약사, 그리고 독일에서는 소프트웨어개발자, 약사, 중소기업간부 등이 상위권으로 평가되었다. 4개국에서 모두 약사가 상위권에 존재할 정도로 약사 직업에 대한 인식도는 높은 편이다.

약사는 의사가 발급한 처방전을 검토하고 처방전에 따라 약을 조제하며, 환자에게 약에 대한 설명, 복용방법, 주의사항, 부작용에 대하여 설명하고, 필요에 따라 의사에게 처방을

국가별 직업 위세에 대한 평가

구분	전체		한국		일본		미국		독일	
	점수	순위	점수	순위	점수	순위	점수	순위	점수	순위
국회의원	3.70	①	4.21	①	3.88	①	3.15	⑥	3.54	④
약사	3.68	②	3.76	②	3.57	②	3.70	③	3.71	②
중·고교교사	3.39	⑥	3.67	③	3.17	⑤	3.50	⑤	3.24	⑦
중소기업간부	3.40	⑤	3.35	⑤	3.09	⑥	3.57	④	3.60	③
기계공학엔지니어	3.44	④	3.18	⑦	3.38	④	3.72	②	3.49	⑤
소프트웨어개발사	3.62	③	3.39	④	3.49	③	3.82	①	3.77	①
은행사무직원	3.17	⑦	3.30	⑥	2.99	⑦	2.99	⑦	3.39	⑥
공장근로자	2.33	⑧	2.03	⑧	2.32	⑧	2.79	⑨	2.17	⑨
음식점종업원	2.21	⑨	1.77	⑨	2.17	⑨	2.72	⑩	2.18	⑧
건설일용근로자	1.96	⑩	1.56	⑩	1.77	⑩	2.91	⑧	1.61	⑩
평균	3.09	-	3.02	-	2.98	-	3.29	-	3.07	-

주) 점수는 매우 낮음=1, 매우 높음=5로 환산하여 분석한 결과임.

위한 의약정보를 제공하기도 한다. 또한 신약 또는 새로운 제형 등의 정보, 약물의 새로운 효능, 유해성과 안전성에 관련된 최신 약학정보를 수집·평가하는 업무를 수행한다.

제약회사에서는 의약품의 허가를 받기 위한 업무, 안전성 정보의 수집, 생산되는 의약품의 품질과 제조관리업무를 수행한다. 또한 의약품의 구매와 재고관리, 약국 내 시설장비나 인력의 관리, 처방전을 비롯한 문서관리 등 효율적인 약국 경영을 위한 사항을 수행한다.

인구노령화로 약에 의존하는 연령층이 많아지고, 약제서비스에 대한 국민들의 기대가 커짐에 따라 약사들이 제공하게 될 서비스의 종류는 더욱 다양해질 것이다. 또한 과학과 제약기술의 발전으로 맞춤의약품이 등장할 것이다. 만성질환관리가 선진국의 예처럼 약국을 중심으로 이루어질 가능성이 높고 약국에서 제공되는 각종 전문서비스는 당뇨, 고혈압과 같은 만성질환의 효과적인 관리를 가능하게 할 것이다. 더욱 세분화된 약사들의 업무를 살펴보자.

지역주민의 건강관리자, 약국약사

약사면허를 취득하면 약국에서 의약품의 조제와 판매를 할 수 있는 자격이 주어진다. 대부분의 유럽 국가들과 우리나라의 경우에는 약사들의 70~80%가 약국에 취업한다. 2000년 의약분업이 실시된 이후에는 의사의 처방전이 올바르게 작성되었는지, 환자의 특성이 반영되었는지, 의약품을 복용하기 위해 어떤 주의가 필요한지, 부작용이 발생하면 어떻게 행동해야 하는지 등에 대한 업무가 더욱 강조되고 있다.

세계적인 추세를 살펴보면, 보건의료전달체계의 근간을 이루는 1차 보건 의료기관으로서의 약국의 역할이 중요하게 인식되고 있다. 이는 의약품과 관련된 약화사고, 약과 관련된 과오발생을 줄이고, 약과 관련된 복약지도사항을 잘 이행하도록 환자를 교육하는 것은 물론, 당뇨병 등과 같은 만성질환을 잘 관리하도록 환자와 보호자를 교육해 병이 심화되는 것을 막고 여러 예방활동들을 통해 보건의료비를 줄이는 데 약사의 기여도가 큰 것으로 보고되고 있기 때문이다.

전 세계적인 추세에 부응하기 위해 2009년부터 모든 약학 대학들이 6년제로 바뀐다. 새로운 교육체계 속에서 교육받은 약사들의 실무 수행능력은 보다 향상될 것이다.

약국관리와 운영에 관해서는 국제기준인 GPP(Good Pharmacy Practice)라는 기준이 있는데, 우리나라도 이윤추구보다는 약사로서의 전문직능 수행의 장소로서 환자중심의 약료(Pharmaceutical Care)를 제공할 예정으로 관련 규정들의 제정과 개정작업이 진행되고 있다.

입원환자의 약물해결사, 의료기관근무약사

 의료기관에 근무하는 약사를 통칭하여 병원약사라 부른다. 의약분업 전에는 의원들도 약사들을 고용하여 조제업무를 수행하게 했으나, 외래환자의 처방조제는 약국에서만 수행하도록 제도가 바뀌어 현재 의원급에서 근무하는 약사들의 수는 많지 않다.

 병원급 이상의 의료기관에서 근무하는 약사들은 의약품의 정보를 관리하고, 입원환자의 약을 조제하는 것은 물론, 임상시험약 관리, 조제실 경영, 연구 등의 업무를 수행한다.

 이러한 업무들은 의료기관의 종류(교육병원, 일반종합병원, 개인병원)나 규모, 지역에 따라 다를 수 있지만, 자신의 적성에 맞는 업무를 선택하여 약의 전문가로 활동할 수 있는 취업 분야로 최근 약대생에게 많은 인기를 끌고 있다. 6년제로의 교육과정은 의료기관에서 약사들이 전문임상약사로서의 역할을 수행할 수 있는 실무수행능력을 강화시키는 데 큰 기여를 하게 될 것이다.

 미국 등의 의료선진국에서는 의사가 처방전을 작성하는 과정에 병원약사들이 참여한다. 보다 안전하고 효과적인 약물치료가 이루어질 수 있도록 의사와 약사의 상호협력체계가 잘 구축되어 있다. 특히 맞춤의약의 시대가 오게 되면, 환자 개인의 유전정보 등을 활용하여 가장 적합한 약물치료 요법을 시행하는 데 있어서 맞춤의약품 디자이너로서 병원 약사들의 역할이 매우 중요하게 부각될 것이다.

의약품의 품질 지킴이, 산업체와 유통업체 근무약사

제약회사뿐만 아니라 도매상과 같은 의약품 유통업체에서 근무하는 약사들은 의약품의 품질확보를 위한 관리업무를 수행하고 있다. 이는 법적으로 약사들이 수행해야만 하는 업무들로서 생산된 의약품이 규정에 맞게 만들어졌는지 확인하고, 잘 만들어진 의약품이 약국이나 의료기관에 배달될 때까지 의약품의 약효가 저하되지 않도록 관리하는 것이다.

산업체에서의 관리업무는 정부의 감시 감독차원이 아닌 자체적인 자율감시의 일환으로 수행된다. 기준 이하의 의약품은 생산유통되지 않도록 관리해 국민들이 안전하고, 유효한 의약품을 사용할 수 있도록 한다.

국민건강수호자, 공직약사

약의 생산유통과정을 감시, 지도하는 전문직 공무원으로 약무행정관리 업무 또는 평가업무를 담당하고 있다.

보건복지부, 식품의약품안전처, 국립독성연구원, 국립보건원, 환경

연구원, 특허청, 국립과학수사연구소 등에서 활동이 가능하다. 이들은 약사 감시업무뿐만 아니라 의약품과 관련된 정책을 수립하는 역할을 수행한다.

맞춤의약품 디자이너로서 병원약사들의 역할이 매우 중요하게 부각될 것이다.

약사가 되고 싶어요!

Q. 약사가 되고 싶은데 공부를 얼마나 잘해야 하나요?

약사가 되기 위해서는 종합대학의 약학 대학이나 약학부에 지원해야 하는데 전국 20개 대학에만 약학 대학 혹은 약학부가 있고 대학에서 배우는 교과과정이 난이도가 높게 구성되어 있어 대학 진학 시 커트라인이나 경쟁률이 매우 높다. 구체적으로 고등학교에서 어느 정도 성적을 유지해야 하는지 말하기는 어려우나 최상위권 성적을 유지해야 가능성이 있다고 할 수 있다.

Q. 약사 직업을 갖기 위해서는 어떤 과정을 거쳐야 하나요?

약사가 되기 위해서는 약학 대학을 졸업하고, 약사국가고시에 합격하여야 한다. 하지만 2009학년도부터 전국 4년제 약학 대학 전체가 '2+4 체제' 교과과정으로 전환된다. 하지만 '2+4 체제'로 전환되는 약학 대학은 학부 2년 이상을 수학한 자들에 한해 별도의 선발 과정을 거쳐 4년 과정으로 운영되기 때문에 현재 고3 수험생의 경우에는 약학 대학에 지원할 수 없다. 즉, 신입생이 대학에 입학하여 2년 이상을 수료한 후 약학 대학으로 진학할 수 있기 때문에 실제 학생들의 약학 대학 진학시점은 2011학년도가 된다.

'2+4 체제' 약학 대학은 대학 2년 이상을 수료하고 일정 학점을 따면 누구나 지원할 수

있다. 약학 대학 지원자는 약학입문자격시험(PEET : Pharmacy Entrance Equivalence Test) 성적을 제출할 수 있어야 하며, 대학별로 요구하는 지원 자격을 갖추어야 한다. 선수 과목, 대학 2년 과정 평점평균, 외국어 능력, 사회봉사 실적 등 대학별로 요구하는 지원 자격은 대학 자율로 정하되, 당해 연도 대학별 전형계획 주요사항 발표 시 예고하도록 되어 있으므로 자세한 지원 자격은 향후 발표될 것이다.

'2+4 체제' 약학 대학은 출신 대학 전공과 무관하게 지원할 수 있지만 각각의 학문을 전공하는 데 필요한 선수 과목을 이수한 학생에게 자격을 주므로 생물학, 화학 등의 이과계열과 화학공학 등의 공학계열을 전공하는 것이 유리하며 약학 대학 입학 후에도 학업에 도움이 될 것이다.

따라서 약학 대학에 지원하기 위해서는 고교의 이과계열 학생의 경우 2009학년도 대학 진학 때부터 약학입문자격시험에 유리한 학과인 화학과, 생물학과, 화학공학과, 생명과학과, 생명공학과 등에 진학한 후 전공과목과 영어 등 언어능력 함양을 위한 공부에 주력하여 약학입문자격시험에 대비하도록 해야 한다.

문과생의 경우에는 지원상으로는 불이익이 없지만 일반화학, 일반생물 등 기초과학에 대하여 지식을 갖춘 학생들의 지원이 유리하므로 부전공 또는 복수 전공 등으로 해당 과목을 이수한다. 영어 공부는 문·이과 모두 필수 사항이다.

Q. 약사가 되기 위해서는 어떤 과목을 잘해야 하나요?

약사는 약의 합성, 조제, 투약 등에 관련되는 직업을 수행해야 하므로 화

약학대학을 졸업하면
어떤 일을 하게 될까?

학, 생물학, 물리학 등 일반과학 관련 과목의 비중이 높다고 할 수 있다. 약학 대학은 약학과와 제약학과 혹은 약학 전공과 제약학 전공으로 분리되어 있거나 아니면 전공 분리가 없는 단일 약학부로 되어 있는 경우가 있다. 단일 약학부의 경우에는 화학 분야와 생물학 분야를 거의 동일하게 강조하나 약학과와 제약학과로 분리되어 있는 경우 약학과는 생물학 분야가 더 강조되는 면이 있고, 제약학과는 화학 분야가 더 강조되는 면이 있기 때문에 약학 대학에 진학하고자 하는 학생일 경우 최소 고교 과정 중 생물학 II와 화학 II를 수강하는 것이 좋다. 그리고 과학 분야에서 공통으로 필요한 사전 지식으로는 물리학과 수학이 있다. 이 두 분야는 새삼 강조하지 않아도 그 중요성은 익히 알겠지만 기회가 되는 대로 최대한 많이 공부해 두는 것이 좋다. 대학 입학 후에도 이와 유사한 과목을 최대한 많이 수강해야 향후 약학 대학 입학 후 학업 성취도가 높아질 수 있다.

어학의 중요성은 굳이 약학 분야에만 해당되는 것은 아니지만 어학은 매우 중요한 요소 중의 하나다. 현재 20개의 약학 대학들은 졸업생들의 국제 경쟁력 강화를 위해 다양한 교과목을 영어로 수업하는 경우가 있다. 그렇기 때문에 영어의 듣기와 말하기 학습은 단순히 수능시험에서 고득점을 획득하는 데만 필요한 것이 아니라 대학에서 필요한 학습능력을 키우는 데 밑거름이 되는 것이기에 꼭 필요한 과목이다.

Q. 약사가 되려면 지금부터 무엇을 연습해야 하나요?

약사가 되기 위해서 고등학교 과정에서 특정 과목이나 특정 분야에 대해 사전에 연습해야 할 것은 없다. 하지만 한 가지 강조하고 싶은 것은 보건의료 분야에 있어서 한 축을 담당하는 약사는 아픈 이웃의 건강을 지켜 주는 것 외에 인류 복지 향상에 이바지해야 한다는 투철한 윤리의식을 가져야 한다는 것이다. 약국에는 일반약 외에 향정신약 등 마약류와 과량을 복용할 경우 인체에 심각한 위해를 줄 수 있는 의약품을 취급하고 있기 때문에 약사 윤리가 제대로 지켜지지 않을 경우 심각한 위험을 줄 수도 있다. 따라서 기본적인 학문 외에 개인의 인격 수양을 도모해야 할 뿐 아니라 건전한 사회의식 함양이 꼭 필요하다.

약학 대학을 졸업하면
어떤 일을 하게 될까?

흔히 신약개발은 오케스트라와 같다고 말한다. 오케스트라가 관
악기, 현악기, 타악기를 포함한 60~120명의 연주자들로 이루어지며,
지휘자의 통제 아래 연주되는 것처럼, 신약개발은 생명공학, 화학, 생
물, 의학 등의 우수한 전문 인력들이 함께 노력하여 이루어지는 것으
로서, 길고 험난한 과정 속에서 수많은 악기가 한데 어우러져 조화로
운 연주를 통해 탄생하는 '오케스트라'와 같다. 오케스트라는 훌륭한
지휘자가 있어야 조화로운 연주와 아름다운 음악을 만들어 낼 수 있
는데, 신약개발도 오케스트라처럼 다양한 학문적 지식을 갖춘 지휘자
를 필요로 한다.

신약개발 과정에는 앞서 언급한 바와 같이 다양한 전공자들이 참여
하게 되지만, 이 중 약학 전공자들은 학부과정이나 대학원과정을 통
해 신물질 탐색부터 제형개발, 허가받기 전과 후에 이르는 총체적인
과정에 대해 그 어느 전공 분야보다 다양한 내용의 교육을 받기 때문

에 신약개발의 총괄지휘자가 되는 데 가장 적합하다.

악기를 연주하는 연주자 하나하나의 실력이 뛰어나더라도, 이러한 연주자들을 잘 통솔하여 교향악을 연주하기 위해서는 카라얀과 같은 훌륭한 지휘자가 있어야만 한다는 것과 같은 논리가 신약개발에도 적용이 된다. 신약개발을 총괄지휘하고 싶은 포부가 있는 사람은 약학 대학 진학을 강력히 권한다.

위대한 약학자, 제르튀르너

의약이 발달되지 못했던 옛날, 아편은 가장 중요한 명약이었다. 아무리 심한 통증이라도 아편만 투여하면 순식간에 통증이 멎으니 말이다. 병은 통증을 동반하게 마련이므로 통증을 없앤다는 것은 병의 원인을 상세하게 알 수 없었던 옛날에는 가장 중요한 치료행위의 하나였다.

'아편은 어떻게 진통작용을 나타내는 것일까'라는 의문을 갖고 그 근본을 밝혀낸 사람은 독일 약사 제르튀르너다. 1783년 독일의 작은 도시 파더보른에서 측량기사의 아들로 태어난 그는 아버지와 같은 직업을 택하려고 자연과학과 기술 방면에 관한 공부에 전념했으나 급작스럽게 부친이 사망해 다른 직업을 고려하게 되었다.

이때 약사가 되기로 결심하고 16세 되던 해 후작의 궁정약국에 견습생으로 들어갔다. 현대 약학교육이 확립되기 전 독일은 전통적으로 약사교육을 약국에서 담당해 왔고 기초이론과 실습과정을 모두 주임약사로부터 도제형식으로 배웠다. 지금은 실습과정이 약학 대학 졸업 후로 제도가 바뀌었지만 이러한 전통은 1950년대까지 지속되어 왔고 고등학교 졸업 후 2년간 약국실습이 약학 대학 입학의 전제조건이었다.

그는 본래 책에 확실하게 설명되어 있지 않아 의문이 생기면 반드시 실험을 통해서 스스로 해답을 찾으려고 노력하는 과학자적 기질을 갖고 있었다. 약사로서 그가 가장 궁금하게 생각했던 것은 생약(약초를 말려서 사용에 편리

하도록 손질한 것)의 약리작용에 대한 설명이었다. 즉 어떤 생약이 약리작용을 나타내기 위해서는 생약 전체가 모두 필요한 것인지 아니면 작용과 관련이 있는 특정성분이 존재하는 것인지에 관한 의문이었다.

이러한 의문에 대한 답을 얻기 위해서 그 당시 가장 중요한 약인 아편을 연구대상으로 삼았다. 당시 약사가 흔히 경험했던 것은 환자에게 아편을 동일한 양을 투여했음에도 불구하고 진통효과에 차이가 많다는 점이었다. 생산지에 따라 모르핀 함량이 일정하지 않기 때문인데 작용성분에 개념이 없었던 당시에는 이러한 현상에 대해 만족할만 한 설명을 찾을 수 없었음은 당연했다.

제르튀르너는 진통작용을 나타내는 것은 아편 전부가 아니며 아편 중에 진통작용과 관계 있는 어떤 특정성분이 틀림없이 존재할 것이라는 생각을 점점 구체화하였다. 그는 약사가 되기 위한 모든 과정을 마치고 약사가 된 지 불과 2년 만에 누구의 지도도 없이 독자적으로 실험한 결과를 발표할 정도가 되었다.

1806년 제르튀르너는 약사수업을 받았던 약국에서 실험한 결과를 총 정리한 '아편에서 새로 발견된 성분인 아편산의 제조 및 화학적 연구'라는 제목의 논문을 《독일약학》지에 발표했다. 이 논문에 의하면 57번의 반복된 실험으로 모르핀을 추출하는 데 성공했다고 기술하고 있다. 식물성분에 관한 기초이론과 지식이 전혀 없었던 당시에는 어떤 성분을 추적해서 순수하게 분리한다는 것은 결코 용이한 작업이 아니었다.

모르핀 성분의 발견은 약 자체로도 중요

하지만 당시 일반 상식과는 달리 모르핀이 산성이 아니라 염기성을 나타낸다는 사실의 발견은 식물성분학 발전에 중요한 단초가 되었다. 모르핀처럼 질소를 함유한 염기성 식물성분을 전문 분야에서는 알칼로이드라고 부르는데 알칼로이드라는 단어를 처음 사용한 사람이 바로 제르튀르너. 이로써 그는 알칼로이드 화학의 창시자가 되었다. 이러한 역사적 사실에 근거하여 독일은 약초에서 유효성분을 분리하는 연구 분야에서 독보적인 연구성과를 올리게 되었고 신약개발의 선도적 역할을 하게 되는 계기가 되었다. 이러한 연구성과는 전 세계적으로 식물의 성분연구에 기폭제가 되었다.

당시 아편을 연구하는 사람은 제르튀르너 이외에도 많은 학자들이 있었고 제르튀르너보다 먼저 아편 분석에 열을 올리던 사람도 있었다고 한다. 그래서 모르핀 발견의 우선권 때문에 프랑스 약사인 드론과 논쟁이 벌어지기도 했는데 이 공개논쟁을 통해 그는 더욱더 유명해졌다. 그의 명성은 대단해서 19세기 초 과학계에서는 그를 저명한 소장파 학자로 인정하였으며 1817년 예나대학은 그에게 철학박사학위를 수여했다.

1841년 제르튀르너는 58세 나이로 사망했다. 일설에 의하면 아편에서 모르핀을 추출하는 과정에서 모르핀이 함유되어 있는 용액층을 확인하는 데 확립된 방법이 없었다고 한다. 그래서 그는 직접 용액층의 맛을 보고 쓴맛이 강한 용액층을 추적하여 모르핀 성분 추출에 성공했다고 한다. 이 과정에서 반복해서 모르핀이 함유된 용액을 직접 혀로 확인해야 했기 때문에 아편 중독이 되어 몹시 힘들었다는 이야기도 있다.

이렇게 분리된 모르핀은 과연 어떤 화학구조를 갖고 있을까? 모르핀의 구조식이 완전히 규명되기까지는 150여

년의 세월이 소요되었으며 1952년에야 확정적으로 규명되었다.

　모르핀의 구조가 밝혀졌음에도 불구하고 대량생산을 위해서 합성법이 적용되지 않고 지금도 제르튀르너가 처음 발견한 재래식 방법으로 제조되고 있다. 양귀비를 재배하면 꽃이 지고 난 후에 열매가 생긴다. 열매가 완전히 익기 전 상태를 미숙과(未熟果)라고 하는데 여기에 상처를 냈을 때 나오는 유액이 굳은 것을 긁어모은 것이 바로 생아편이다. 이 생아편에서 제르튀르너의 추출방법으로 모르핀을 생산하고 있다. 합성법은 너무 복잡하고 수득률이 낮아서 경제성이 전혀 없기 때문이다.

　모르핀이라는 이름은 그리스신화에 나오는 꿈의 여신 모르페우스(Morp-heus)에서 유래했다. 아편에 중독되면 꿈속에 사는 기분을 느낀다고 해서 이런 성분명을 붙였는데 약학이나 의학용어 중에는 그리스신화에 등장하는 신의 이름에서 비롯된 것이 많다.

약학 대학을 졸업하면
어떤 일을 하게 될까?

포스트 게놈 시대의 새로운 직업: 맞춤형 의약품 디자이너

현재까지는 질병 증상과 표준화된 진단에 기초하여 치료약물을 처방한다. 고혈압환자, 인슐린비의존성 당뇨병환자 등으로 환자를 분류하여 치료약물을 선정한다. 그 외 환자의 나이, 성별, 체중, 현재 가지고 있는 다른 질환 등을 고려하여 적절한 약제를 선택하고 용량과 투여방법을 결정한다. 그러나 약물에 대한 감수성은 사람에 따라 다를 수가 있다. 예를 들면, 근육이완약으로 사용하는 숙시닐콜린(succinylcholine)이라는 약은 지속시간이 불과 수 분밖에 안 되지만, 환자에 따라서 호흡근 이완에 따른 무호흡을 일으키는 경우가 있다. 숙시닐콜린은 혈장 내 콜린에스테라제(cholinesterase)라는 효소에 의해 신속하게 분해되는데, 어떤 사람은 효소 양이 적어서 분해속도가 느리기 때문에 약효가 수 시간씩 지속되어 무호흡이 일어난다. 특별히 백인들 중에는 콜린에스테라제가 적은 사람이 많다. 에페드린(ephedrine)이라는 교감신경흥분제는 유색인보다 백인에게서 더 자주

산동작용(동공을 확대시키는 작용)을 일으킨다. 항말라리아제인 프리마퀸(primaquine)은 용혈성 빈혈을 일으킬 수 있는데, 이러한 현상은 흑인남자에게서 심하게 나타난다. 그 이유는 흑인남자의 적혈구 내에는 Glucose-6-Phosphate Dehydrogenase(G6PD)라는 효소가 결핍되어 있기 때문이다.

우리가 복용한 약물이 표적부위에 작용하기까지는 여러 과정을 거친다. 경구로 복용한 약은 먼저 혈액 내로 흡수되어야 표적부위까지 도달될 수 있다. 위나 장에서 약물의 흡수 정도는 사람마다 차이가 있다. 위장관에서 흡수된 약은 간문맥을 경유하여 간을 통과할 수밖에 없는데 간에는 약물을 분해하는 효소들이 많이 분포하고 있어 약물이 불활성화된다. 이 약물분해효소의 활성은 사람마다 차이가 있다. 표적부위에 도달한 약은 그 약물에 특이적인 수용체(receptor)와 반응을 하게 되는데 그 반응성 역시 사람마다 다를 수 있다. 약물은 표적부위뿐만 아니라 다양한 기관과 조직에 부작용을 나타낼 수 있으며 그 정도와 범위도 사람마다 다를 수 있다. 약물은 또한 신장을 통하여 배설되는데 배설되는 정도도 사람마다 다를 수 있다.

이상에서 살펴본 바와 같이 약물의 효과와 유해작용이 사람마다 다르게 나타나는 이유가 유전적인 차이에 기인한다는 사실이 2003년 사람유전체사업(human genome project)의 완성으로 촉발된 약물유전체학(pharmacogenomics) 연구로 밝혀지고 있다. 사람의 유전자는 대개 99.8~99.9%까지 동일하나 나머지 0.1~0.2%에서 차이를 보인다.

이 차이, 즉 단일염기 다형성(SNP : Single Nucleotide Polymorphism)을 조사함으로써 특정 질병에 걸리기 쉬운 체질인지, 특정 약물에 대하여 반응을 잘하는지, 부작용의 위험성이 있는지 등을 밝혀낼 수 있게 되었다. 앞으로는 의약품도 개인의 유전적 요인 등에 따라 차별화되어 최대의 약물치료 효과를 나타낼 수 있는 맞춤형 의약품이 개발될 것이다.

또한 현재 활발히 진행되고 있는 단일염기 다형성의 연구로 약물의 효과와 부작용을 미리 예측할 수 있게 되어 사람의 체질에 따라 약물을 다르게 처방하는 소위 '맞춤약(individualized medicine)'의 출현이 가능해질 것이다. 개인의 유전자 정보를 이해한다면 의사나 약사는 통계나 평균에 기초해 의약품을 처방하거나 판매하는 기존방식을 탈피하여 개인의 유전적 특성에 맞는 처방과 조제를 할 수 있을 것이다. 환자의 유전적 인자를 분석한 결과를 가지고 가장 효과가 좋은 약물(맞춤약)을 선택하고 용법과 용량을 정해 주는 사람을 '맞춤형 의약품 디자이너'라고 부른다. 미래에는 이처럼 개별 환자에게 맞는 의약품을 디자인해 주는 약사들이 등장할 것이고 이 직업이 각광을 받게 될 것이다.

의약품의 효과적이고 안전한
사용을 위한 안내자, 약물치료 전문가

약학 대학을 졸업하면 다양한 분야로의 진출이 가능하다. 현재 많은 약사가 의료기관 약국, 지역약국, 제약회사 및 보건의약 관련 행정기관 등에서 의약품의 적정 사용 및 의약품 개발과 관련된 다양한 분야에서 활발한 활동을 수행하고 있다. 약사(藥師) 직능의 궁극적인 목적은 안전하고 효과적인 합리적 의약품 사용을 도모하여 사회에 기여함에 있다고 정의한다. 즉 의약품의 개발과 더불어 개발된 의약품의 적정 사용과 관련하여 효과적이고 안전하며 보다 경제적으로 의약품을 사용할 수 있도록 하는 것을 의미한다.

최근의 경향은 과거 제품 중심 혹은 처방에 따른 조제 중심의 단편적 투약에서 벗어나 환자 중심 및 서비스에 기초를 둔 포괄적이고 종합적인 약물요법을 지향함으로써 보다 효과적이고 안전하면서도 환자 개개인의 상황을 고려한 최적의 맞춤약물치료에 대한 요구가 증가하고 있다. 또한 눈부신 과학의 발전, 보건의료기술 등의 향상으로 인한 수명 연장 등은 급속도로 고령화 사회를 초래하고 있으며, 만성 질환자 및 복합 질환자의 비율 증가는 다약제 사용자의 증가뿐만 아니라 약물 사용 빈도 증가 등으로 이어져 더욱 신중한 관리를 요하고 있어 안전하고 올바른 의약품 사용에 대한 관심도 증대되고 있는 실정이다. 더욱이 치료를 목적으로 사용한 약물들은 치료효과만을 나타내는 것이 아니라 원치 않는 약물이상반응도 동반되어 나타날 수 있어 주의를 요한다. 이러한 부적절한 약물 사용으로 인한 약물이상반응이나 약화사고는 개인 차원에서의 문제일 뿐만 아니라 국가 차원에서도 약화사고 등으로 인한 의료비용의 지출을 증가시키고 있다. 또한 약물 오남용과 환자 개개인의 특성을 고려하지 않은 약물요법은 약물이상반응의 유발을 증가시키고, 특히 소아나 노인에서 약물이상반응의 발생은 치명적일 수 있으므로, 특정 환자군 및 특수 약물일수록 약물치료 전문약사의 역할이 중요하며, 약료서비스가 경제 및 사회에 미치는 영향력이 확대되고 있다.

약물치료 전문가로서의 약사의 역할 중 임상현장의 임상약사들이 수행하는 약료서비스는 약물요법의 검토, 약물치료와 관련된 환자 상담, 만성질환자의 질병 관리, 환자 간 반응 차이를 유발하는 요인 분석 및 약물이상반응 발생 예방 및 모니터링, 와파린 등의 특수 약물 복용환자 중점 관리, 감염관리, 중환자 약료, 환자 영양관리 등 약물치료의 전반적인 과정에 모두 관여하고 있다.

의약품 정보제공자로서의 약사

약물치료 전문가로서의 약사는 의약품에 대한 객관적이고 최신의 정보를 철저한 문헌 검색 및 평가과정을 거쳐 의료인과 환자에게 신속하고 정확하게 제공할 수 있어야 한다. 의약품의 약리작용, 효능·효과, 부작용, 용법·용량, 약물-약물 상호작용, 약물-질병 상호작용, 약물-음식 상호작용 및 보험기준, 약가 등에 대한 기본적인 정보를 신속하고 정확히 제공하며, 환자 개개인의 특성을 고려한 적합한 처방과 투약을 유도함으로써 안전하고 합리적으로 의약품을 사용하도록 정보를 제공한다.

또한 최근 의약학과 제약 산업의 발달로 의약품의 종류 및 제형이 다양화되어 의약품에 대한 정확한 정보 및 최신 신약에 대하여 의료인에게 교육을 제공할 수 있으며, 수많은 정보 속에서 환자가 처한 특수 상황을 고려한 체계적인 정보제공, 문헌에 대한 정확한 평가, 근거기반의 의사결정 등으로 올바른 의약품 사용에 기여할 수 있다.

일반적인 보건의료현장에서뿐만 아니라 의약품

정보제공자로서의 약사의 역할은 제약회사에서 관련 제품 사용 등과 관련된 의료기관이나 약국에서 보건의료인들의 관련 의약품 정보제공 시에도 중요한 역할을 담당하고 있다. 질환을 이해하고 관련 약물에 대한 정확한 정보를 제공하거나 의약품 관련 정보를 평가하는 것은 의약품 정책이나 국가보건 관련 약무부서, 심사평가원 등 약물정보 제공 및 근거기반 의사결정자로서의 약사에게 요구되는 기본적이고 중요한 역량이다.

약물사용평가(Drug Utilization Review, DUR)자로서의 약사

부적절한 의약품의 사용은 약화사고를 유발하며, 이로 인한 의료비용의 증가로 경제적 손실 또한 막대하다. 약사는 환자의 진단에 따른 약물의 처방 및 조제 과정에서 적정한 약물 선택, 약물-약물 상호작용, 적정 용량, 알레르기 유발 약물, 투여금기 등을 검토하여 약물이상반응을 최소화하고 안전약물요법을 선도하는 중요한 약물치료 전문가이다.

환자중심의 다학제 Health Care Team 구성원으로서의 약사

임상실무환경에서 임상약사는 의사나 간호사 등 다른 Health care 전문가들과 상호 협력하여 환자의 건강증진을 위해 노력하고 있다. Health care team 안에서 임상약사는 약물치료의 전문가이며, 약물사용평가의 역할 및 환자나 다른 Health care 전문가들에게 약물 사용에 대한 조언과 적절한 커뮤니케이션을 통해 약물에 대한 도움을 주는 역할을 담당한다. 임상약사는 다음과 같은 약료서비스의 중요 요소를 수행한다.

약료서비스 항목	약료서비스의 내용
약물요법 검토 (Medication Therapy Review, MTR)	환자의 질환과 개별 상태를 고려해 최적의 약물요법이 선택되었는지 사용약물 전반에 대한 검토를 수행함
환자 개별 약물 확인 (Personal Medication Record, PMR)	환자가 복용하는 모든 처방 및 일반약물 등을 확인하여 약물상호작용, 약물이상반응 발생 가능성 등을 개별 평가하고 문제점을 점검함
약물 관련 적절한 조치 (Medication-related Action Plan, MAP)	약물 관련 문제가 발생했을 때 의사 및 환자에게 적절한 조치를 취하도록 권고함
적절한 중개 (Intervention and/or Referral)	환자의 약물요법과 관련하여 의료진이나 환자에게 권장할 것이 있을 경우 적절한 조치를 취함
문서화 및 지속적 관리 (Documentation and Follow up)	약료서비스의 모든 내용을 문서화하고 적절히 모니터링함

전문화된 영역에서의 임상약사 약료서비스 수행자로서의 약사

전문화된 영역에서의 약물치료 전문가로서의 임상약사는 임상적 상황 및 환자의 특성에 따라 다음과 같은 다양한 전문 분야에서 약료서비스를 제공하고 있다.

장기이식 약료서비스 전문약사

장기이식을 받은 환자들을 대상으로 면역억제제 및 다양한 약물에 대하여 환자 및 의료진에게 약료를 제공하며, 환자의 임상상태를 파악하고 약물요법에 대하여 자문 및 중재(intervention)를 제공한다. 면역억제제는 치료역이 좁고 개인 간 약물반응의 차이가 커서 주의 깊은 사용이 요구되므로, 약사들은 지속적인 모니터링과 정기적인 복약상담으로 이식환자의 치료효과 향상에 기여하고 있다.

혈액종양내과 약료서비스 전문약사

백혈병 및 골수이식 환자, 항암치료를 받는 환자들을 대상으로 항암요법 및 약물의 사용을 향상시킬 수 있도록 복약상담을 실시하고, 회진 및 컨퍼런스의 참여로 환자의 임상상태를 파악하여 적합하고 효율적인 약물의 사용을 위해 의료진에게 자문 및 중재를 시행하고 있다. 뿐만 아니라 항암요법으로 인한 합병증의 관리에도 임상약사가 관여하고 있다.

신장내과 약료서비스 전문약사

신장내과 약료서비스 전문약사는 사구체신염, 말기신부전 등 신장질환자의 특성을 이해하고, 약물 사용의 적절성을 평가하여 환자 맞춤형의 약물요법 및 영양요법을 계획하며, 환자가 안전한 약물을 적합한 용량·용법에 따라 복용하도록 복약상담을 시행한다. 또한 팀(team)의료의 일원으로써 회진 및 컨퍼런스 참여를 통해 타 의료진과의 원활한 정보교환 및 의사소통을 통해 환자의 치료효과를 증진시키기 위해 노력한다.

신생아 중환자실(NICU) 약료서비스 전문약사

신생아 중환자실에 입원한 환아에게 사용되는 다양한 약물에 대하여 의료진에게 약료를 제공하고 있다. 회진과 영양 컨퍼런스에 참여하여 환자의 임상상태를 파악하고 약물요법 및 TDM, TPN에 대한 자문 및 중재를 제공하고 있다.

항응고 약료서비스 전문약사

장기적 혹은 단기적으로 항응고제를 복용하는 환자가 적합한 용량·용법에 따라 복용하도록 하여 치료효과를 높이고, 혈액학적 검사

를 통해 항응고제 투여량의 적절성을 평가하여 환자에게 적합한 용량을 결정하고, 항응고제와 상호작용을 유발하는 음식 및 다른 약물에 대해 검토하여 자문 및 중재를 제공하고 있다. 임상약사는 다양한 분야에서 약료서비스를 제공하여 환자의 약물치료 효과의 증진 및 삶의 질을 개선시키는 보건의료인의 한 구성원으로 중요한 역할을 하고 있다.

중환자약료 전문약사

중환자약료 전문약사는 치료 성과 및 환자의 건강 개선에 기여하기 위해 중환자약료에 통달하고 약물요법에 보다 전문적인 자질과 능력을 갖춘 임상약사를 말한다.

약학 대학을 졸업하면
어떤 일을 하게 될까?

중환자의 병력, 약력, 임상시험 결과 등의 정보를 수집하고, 수집된 정보를 토대로 중환자에게 가장 적절한 약물요법을 제공하고 있다. 이를 위해 임상적이고 과학적인 간행물들을 바탕으로 최적의 약물요법과 맞춤형 약물용량 자문, 약물이상반응 최소화, 수액적합성 등 다각적인 측면에서 환자케어를 중재·권고한다.

영양약료 전문약사

환자의 치료와 함께 기본적인 영양요법의 전문가로서 치료성과를 다학제 협력을 통해 수행하며, 기본적인 영양평가 및 전문적인 영양지원에 대한 자문을 수행하고 있다.

감염약료 전문약사

원내 감염의 기본적인 관리와 항생제 관리, 최적의 항생제 약물요법 및 내성최소화 등을 위한 다학제 활동을 통해 환자의 치료율을 개선하고, 약제 효율적용에 중요한 역할을 수행하고 있다.

노인약료 전문약사

전 세계적으로 급속히 진행되는 고령화 현상 속에서 만성질환을 가진 고령환자의 다약제사용 등에 대한 합리적인 약물 사용을 도모하고, 환자와의 적절한 커뮤니케이션을 통한 안전하고 비용효과적인 약료업무를 수행하는 역할을 담당하고 있다. 특히 의료기관뿐만 아니라 지역약국 약사들의 전문화를 통한 지속적인 환자관리가 중요한 분야이다.

기타

그 외에도 심혈관계질환약료 전문약사, 의약정보 전문약사 등 다양한 분야에서 최적의 약료제공을 위한 전문화와 역할 수행은 미래 약사들에게 요구되는 중요한 역량 중 하나이다.

약물치료 전문가

약물치료 전문가는 의사와 함께 약물치료 방법을 계획하고 실시한 뒤 그 용법·용량에 관한 조정 작업을 수행하는 약사를 말한다. 일반적으로 약물치료 요법과 약물 사용에 관하여 환자에게 자문하고 모니터 업무를 수행한다. 약물치료 효과에 대한 책임을 공유하지만 의약품 조제업무는 거의 수행하지 않는다.

환자의 삶의 질을 고려한 맞춤 약제서비스 제공자로서의 역할이 강조되는 직업으로 치료약물 농도 모니터링(TDM)이나 비경구영양(TPN)의 조제, 환자의 특이성을 고려한 약력관리 등은 약제 서비스의 질적 수준을 향상시킬 수 있다. 주로 이런 업무는 의료기관에 근무하는 약사들이 수행한다.

의약분업 전에는 약국에 근무하는 약사들도 제한적인 범위 내에서 독립적인 치료행위를 하였지만, 지금은 의사의 처방전 없는 의약품을 투약할 수 없다. 하지만 전 세계적인 추세를 살펴보면 약물치료에 있어서 약사들이 수행하는 기능과 업무가 의사로부터 독립되어 수행될 수 있도록 확대되고 있어 언젠가는 약사들이 약물을 사용하는 치료과정에서 독립적인 의사결정자로 활동하게 될 것이다.

6년제로의 학제개편을 통해 미국과 같이 전문약사 양성을 위한 기반이 마련되어, 6년제 졸업자들이 각 분야에서 전문약사로 활동할 수 있는 제도 개선이 이루어진다면, 전문 분야별로 약물치료 전문약사로 활동하는 데에는 오랜 시간이 걸리지 않을 것이다.

의약품 안전관리자

의약품들을 복용하였을 때 사람에 따라 부작용이 발생할 수 있다. 이러한 부작용이 의약품 때문인지, 단순히 체질에 따른 것인지를 구별하여 의약품에 의한 부작용일 경우, 식약처에 부작용 보고를 해야 할 의무가 있다. 이러한 보고 의무는 약사법 개정으로, 약국과 의료기관에 근무하는 약사는 물론, 제약회사에 의약품 안전관리자로 고용된 약사들이 허가가 난 의약품의 문제점을 확인하고 개선하기 위한 업무들을 전문적으로 수행하게 될 것이다.

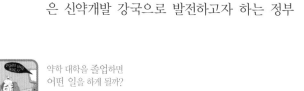

의약품의 안전관리자로서의 약사의 역할은 신약개발 강국으로 발전하고자 하는 정부

와 기업의 의지가 강하면 강할수록 매우 중요하다. 3,000~5,000명 정도의 환자를 대상으로 한 임상시험 결과를 토대로 의약품으로 허가받고 판매를 시작한 후에 미처 예상하지 못했던 부작용이 발생할 경우 피해 보상으로 인한 막대한 손실을 입을 수 있기 때문에 의약품의 시판 후 안전관리의 중요성이 더욱 강조되고 있다.

약을 약이 되게 하는 약사의 힘

약은 독이 될 수도 있다!

응급처치실의 한 장면이다. 응급처치대 위에는 의식을 잃은 2~3세 가량의 남자아이가 불규칙적인 호흡을 하면서 누워 있다. 부모의 말로는 약병을 갖고 놀다가 다량의 약을 삼킨 것 같다고 한다. 아이의 위를 세척해 내고 혈액검사를 실시해 본 결과 다량의 살리실산이 검출되면서 아이가 삼킨 약이 아스피린이었음이 밝혀졌다.

다량의 아스피린으로 인한 살리실산 급성중독 사건이었다. 아스피린을 모르는 사람은 아마 없을 것이다. 두통, 치통, 생리통 등의 통증과 감기몸살에 가장 널리 사용되는 대표적인 해열진통제다. 최근에는 레이증후군이라고 하는 어린이에 대한 부작용이 알려져 사용이 위축되기도 하였지만 가장 안전한 약품의 하나로 오랫동안 사용되어 온 합성의약품이다.

또 다른 예를 들어 보자. 원시림에 살고 있는 원시인들의 사냥 장면을 영화나 TV 화면에서 간혹 볼 수 있었을 것이다. 남미 아마존강 유역의 인디언이 쏜 화살을 맞은 동물은 나무에서 떨어지거나 잠시 달아나다가 얼마 못 가서 쓰러진다. 이 동물은 골격 근육이 마비되어 곧 죽게 된다. 그러면 이 동물을 마비시켜 이처럼 빨리 죽게 만든 것은 무엇일까?

인디언이 쏜 화살 끝에는 큐라레라고 하

는 화살독이 묻어 있다. 이 독은 인디언 마법사만이 제조할 수 있었던 천연산 독이었으나 끈질긴 연구로 그 정체가 밝혀지게 되었다.

큐라레의 독작용은 근육마비 작용 때문인데 바로 이러한 독작용을 의료 목적에 응용하게 된 것이다. 순수하게 정제된 큐라레를 수술 환자에게 알맞은 양으로 주사하기만 하면 근육이 긴장되어 굳어지는 현상을 없애 주며 수술을 하기 쉽도록 근육이 풀리게 된다. 그래서 오늘날에는 외과 의사에게 없어서는 안 될 필수적인 약이 되었다.

위의 두 가지 예 중 앞의 예는 약이 독이 된 경우고, 후자는 독이 약이 된 경우다. 즉 약과 독은 본질적으로 차이가 없으며 오로지 생체에 투여된 양에 따라서 양약이 독이 될 수도 있고, 독이 양약이 될 수도 있는 양면성을 갖고 있다. 마치 고대 로마의 신인 야누스처럼 두 개의 얼굴을 갖고 있는 것이다.

선진국의 통계를 살펴보더라도 병원에 입원한 환자 20명 중 1명은 약의 오용 때문인 것으로 밝혀졌다. 세계 여러 나라의 언어를 살펴볼 때 약과 독이라는 말이 동일한 어원에서 출발되었다는 사실은 결코 우연한 일이 아닐 것이며 약과 독은 동일하다는 개념이 언어생활에 반영된 것이라 생각할 수 있다. 즉 영어로 poison(독)과 potion(마시는 약)은 모두 potio(마신다)라는 라틴어에 어원을 두고 있다.

그런데 일반인들은 약이라 하면 지나치게 과신하고 독이라고 하면 지나치게 꺼려하는 경향이 있다. 약은 필요할 때 적당량을 알맞게 사용할 때만이 약으로서 본래의 기능을 발휘할 수 있다. 이 원칙에서 조금이라도 벗어날 때는 아무리 훌륭한 양약이라도 우리 신체에 해를 줄 수 있는 독으로 돌변하는 무서운 존재라는 사실을 명심해야 한다.

좋은 약과 나쁜 약

약을 안전한 약과 위험한 약 또는 좋은 약과 나쁜 약으로 구분하려는 발상은 쓸데없는 일일 뿐더러 오히려 위험한 발상이라고 할 수 있다.

우선 좋은 의약품에 대해서 생각해 보기로 하자. 의약품이 정말 좋기 위해서는 다음 기준을 만족시켜야 한다. 부작용이 전혀 없어서 완벽하게 안전해야 하고, 약품투여가 용이해야 한다. 이러한 기준에 적합한 의약품은 얼마나 있을까? 대답은 한마디로 '노(No)'다. 오늘날 시중에 나와 있는 의약품 중에서 위의 조건을 완벽하게 만족시킬 수 있는 의약품은 하나도 없다.

그러나 위의 조건을 어느 정도 만족시킬 수 있는 약은 있다.

바로 페니실린이다. 페니실린은 지금까지 개발된 의약품 중에서 가장 효력이 좋은 항균제임은 물론 가장 안전한 의약품 중의 하나다. 그러나 페니실린도 많은 단점을 가지고 있다.

모든 종류의 병원균에 유효하지도 않을 뿐더러 시간이 지남에 따라 점점 내성이 강한 병원균의 출현으로 항생제

로서는 쓸모없게 되어가고 있다. 또한 페니실린은 안전하지도 않아서 페니실린에 알레르기 반응을 나타내는 환자도 많으며 경우에 따라서 생명이 위험할 수도 있다. 이러한 환자에 대해서는 다른 대체 항균제를 투여해야 한다. 그래도 페니실린은 비교적 안전한 약에 속한다.

위험한 약의 예로서는 모르핀을 들 수 있다. 모르핀은 아주 훌륭한 진통제이지만 내성, 호흡마비 또는 탐닉성과 같은 심각한 부작용이 있으므로 과량 투여하면 사망한다.

바비튜레이트도 위험한 약에 속한다. 수면제 또는 외과수술 시 전신마취제로 사용되는데 바비튜레이트는 체내에 용이하게 축적되므로 많은 경우에 급작스럽게 용량이 초과될 수 있다.

미국 진주만 군병원 통계에 의하면 전투 중 부상으로 인한 사망보다 수술 중 마취사의 실수로 사망하는 경우가 더 많다고 할 정도다. 결론적으로 말하면 좋은 약이라는 것도 보통 생각과는 다르게 완벽하지 못하다.

나쁜 약은 어떠한가? 탐닉성이 가장 높은 것으로 알려진 헤로인에 대해서 알아보자.

헤로인은 가장 훌륭한 진통제 중의 하나다. 19세기 말 헤로인이 처음 개발될 당시 기침약인 코데인 대용품으로 사용되었으며 통증을 없애는 최고의 진통제라고 믿었기 때문에 약의 영웅(hero)이라는 의미로 헤로인(heroin)이라 불렀다. 1989년 헤로인이 시중에 나온 지 12년 후 헤로인의 탐닉성이 알려지면서 즉시 판매가 금지되었다. 그러나 헤로인은 오늘날에도 엄격한 관리하에 의약으로 사용하고 있다.

헤로인은 암으로 죽어 가는 환자에게 가장 훌륭한 진통제다. 헤로인은 통증을 감소시킬 뿐만 아니라 도취감을 유발하여 죽음에 직면해 있는 환자의 우울감을 없애는 데 크게 도움이 된다. 이러한 전후사정을 안다면 누가 감히 헤로인을 나쁜 약이라고 저주할 수 있겠는가?

위의 설명에서도 알 수 있듯이 좋은 약과 나쁜 약을 구분 짓는 것은 부질없을 뿐만 아니라 별 의미가 없는 일이다. 모든 약은 완벽하지 못하므로 전문가에 의해 유효 적절하게 사용할 때만 약의 부작용을 최대한 줄일 수 있다.

야누스의 얼굴, 약

약의 발명으로 많은 사람들이 질병과 고통에서 벗어날 수 있었다. 하지만 약도 잘못 쓰면 독이 될 수 있다. 독일과 미국의 약화사건을 살펴보며 약의 양면성에 대해 다시 한 번 생각해 보자.

독일의 포도주 위조사건

독일은 이웃 나라 오스트리아에서 매년 엄청난 양의 포도주를 수입하였는데 오스트리아에서 수입된 고급 포도주 속에 디에틸렌글리콜이라는 유독 화학물질이 다량 함유되어 있다는 것이 당국의 검정 결과 밝혀졌다.

디에틸렌글리콜은 무색, 무취의 흡습성 액체로 단맛을 가지고 있으며 외견상 무해한 것처럼 보이지만 인체에 대해서는 독성이 있으므로 식품은 물론 음료수나 주류에 사용해서는 안 되는 물질이다. 인체에 해롭다는 이 화학물질을 포도주에 첨가한 이유는 무엇일까?

품질이 좋지 않은 포도주에 이 물질을 첨가하면 맛이 고급 포도주와 같아지기 때문이다. 질이 낮은 값싼 포도주에 이 물질을 혼합하여 값비싼 포도주로 위조한 것이다.

고급 포도주를 생산하기 위해서는 당도가 높은 질 좋은 포도를 사용하여 자연적인 발효과정을 거쳐 주조해야 하는데 이러한 고급 포도주 생산량은 임의로 늘릴 수 없다. 설탕이나

인공감미료를 사용하여 당도를 높일 수도 있겠으나 이럴 경우 식품 첨가물을 밝혀야 함은 물론 이렇게 제조된 포도주는 고급에 속하지 못하게 된다.

디에틸렌글리콜은 화학구조 특징이 포도주 성분인 에탄올과 비슷해서 지금까지는 관할 관청의 검사과정에서 쉽게 검출되지 않았으며 이러한 약점을 이용하여 수년 전부터 사용되어 왔던 것이다.

독일에서는 물론 오스트리아, 그리고 유럽 인접 국가에서는 문제의 오스트리아산 포도주가 모두 수거되었으며 이 파문으로 말미암아 포도주에 대한 불신감이 높아져 포도주 판매고는 격감되었고 그 후 많은 포도주 생산업자가 파산한 것으로 집계되고 있다.

한편 오스트리아 당국은 위조된 포도주의 양이 500만ℓ 이상이나 되어 처리 문제로 고민하였다고 한다. 포도주 위조사건으로 말썽이 나자 일부 포도주 제조업자들은 당국의 눈을 피해 몰래 포도주를 하수구에 폐기함으로써 고기가 알코올 중독으로 떼죽음을 당하는 사태가 발생하기도 하였다.

미국의 약화사건

1937년 미국에서 Elixir of sulfonamide-messengill이라는 상품명을 가진 설파제 물약을 복용하고 105명이 사망하는 사건이 발생하였다. 제조회사는 제조한 약품을 관할 관청에 신고도 하지 않아 FDA는 이 약의 조성조차 알지 못하고 있었다.

문제의 물약을 먹고 사망한 것은 바로 디에틸렌글리콜 때문이었다. 제조사는 물약을 제조하는 과

정에서 설파제가 물에 녹지 않아 다른 용매를 사용해야 했다. 실험결과 설파제가 디에틸렌글리콜에 잘 녹기 때문에 이를 사용하여 문제의 약을 제조하여 판매했던 것이다. 그 당시만 해도 디에틸렌글리콜의 독성문제를 직접 다룬 논문은 별로 없었으나 간접적인 실험에 의해서 이 물질이 유독하다는 사실은 전문서적에 나와 있었다. 그러나 불행히도 제조회사는 인체에 대한 독성 문제는 전혀 고려하지 않았다.

이 제제를 복용하고 사망한 사람의 대부분은 일정기간 반복 투여가 불가피한 임질과 매독, 그리고 후두염 환자들이 많았다.

이 독약을 복용하고도 운 좋게 살아남은 사람은 복용 직후 위장장애가 와서 즉시 복용을 중단했던 사람들인 것으로 밝혀졌다.

약학으로 미래를
상상하다

제가 약학 대학에 입학할 때에는 여자가 대학에 가는 일조차 쉽지 않은 시절이었어요. 당시 고3 담임선생님은 제 성적을 보시더니 "의과 대학은 등록금이 비싸고 교육기간도 길다."라고 하시면서 "어려운 살림살이에 빨리 졸업해 동생들을 공부시키려면 약대에 진학하는 것이 좋겠다."며 약학 대학을 추천해 주셨죠.(부산일보 2008.06.17)

'왜 약학을 전공하게 되었을까?'라는 질문에 70년대 혹은 그 이전에 약학을 전공한 사람들 중 많은 사람들이 이와 같이 응답하는 경우를 흔히 볼 수 있다. 오늘날 약학을 전공하려는 학생들 역시 '안정된 직업을 갖기 위해', '돈을 많이 벌 수 있기 때문에'와 같은 경제적인 이유를 가장 큰 이유로 손꼽을지 모른다. 나 역시, 약학을 공부하면 밥은 굶지 않을 것 같아 약학의 세계로 발을 들여놓았다.

그러나 내가 생각한 것처럼 그 세계는 밥이나 벌어먹는 세계가 아니었다. 오케스트라가 즐거움, 즉 樂(행복)을 위해 다양한 소리를 합하고 조율하는 것처럼 약학은 生(생명 보존)을 위해 다양한 학문을 합하고 조율하는 종합 학문의 세계였다. 한없이 꿈틀거리는 생명현상 속에 감춰진 원리, 약의 생성 과정에 필요한 치밀함, 단순함 속에 숨겨진 미세한 물질과 살아 있는 분자의 접속을 통해 꺼져 가던 생의 조각들이 날갯짓하며 솟아나는 감동의 세계였다. 그 세계를 여행하는 동안 그 원리와 치밀함과 감동이 따뜻한 가슴을 만나 죽어 가는 생명을 살리기도 하지만, 예상치 못한 미세한 관능기의 작동이 삶의 오류를 불러올 수도 있다. 생명을 향한 열정과 치밀함을 갖춘 창조적인 발상은 상상을 초월하는 거부(巨富)를 창출하기도 했다.

약학으로
미래를 상상하다

흔히 말하는 '신비의 영약'이나 진시황이 꿈꾸었던 '불로장생약'은 없다. 생명에 대한 무한한 사랑을 지닌 과학도들의 피눈물 나는 노력과 탐구의 결실로 얻어진 양약과 신기술이 있을 뿐이다. 그 신기술의 역사는 불이 꺼지지 않은 연구실에서 이루어져 왔고, 앞으로도 그 속에서 계속될 것이다.

미래 약학은 과연, 우리의 생명을 어디까지 어떻게 연장시켜 나갈 수 있을까? 심장이 망가지면 언제든지 심장을 교체할 수 있을까? 암세포만 골라서 퇴치하는 지능형 약물은 개발될 수 있을까? 만화 영화에서 보았던 마이크로 선단이 혈관을 따라 이동하며 우리 몸 구석구석의 망가진 부위를 고칠 수 있는 나노기술은 실현될 법한 이야기일까? 과연 2030년에는 우리의 평균 나이를 120세까지 올릴 수 있을까?

과거에 인간이 달에 가거나 사람이 우주선에 탄 채 몇 개월씩 지구 궤도를 돌 수 있다고 생각한 사람이 과연 몇이나 되었을까? 그러나 공상 속에서나 가능할 법한 이야기가 현실화되고 있다. 꿈이 현실화된 것은 단순히 자연적 기계 문명의 발달에 의한 것이 아니라 그 한계를 극복하려는 끊임없는 인간의 도전정신과 미래에 대한 믿음이 있었기 때문에 가능했다. 미래의 약학 이야기는 이 한계를 극복하려는 약학도의 도전 정신과 믿음이 있다면 실현 가능할 것이다. 생각이 바뀌면 미래가 달라진다고 하지 않던가? 꿈같은 미래의 약학에 관한 얘기들을 세부 전공 분야를 중심으로 나누어 살펴보자.

뇌는 언제까지
신비의 세계로 남아 있을까?

　뇌는 그 무게가 1,200~1,500g(성인 기준)밖에 안 되지만 그 속에서 이루어지는 일이 무한하기에 작은 우주에 비유된다. 약 1,000억 개의 신경세포와 그 열 배에 해당하는 신경교세포의 복잡한 연결로 이루어진 뇌는 미지의 세계로 여겨져 왔지만 영상과학, 신경생물학 그리고 인지과학 등의 공동연구로 그 베일을 벗고 있다. 우리의 인공위성에서 촬영된 내용이 컴퓨터를 거치면서 북한의 정밀지도로 완성되듯이 양전자방출단층촬영술(PET)과 자기공명영상촬영기법(MRI)의 발달로 뇌의 구조나 조직 형태뿐만 아니라 지름이 0.3~0.6mm에 불과한 뇌 속의 미세혈관까지 적나라하게 입체적으로 드러나고 있다. 치매나 파킨슨병과 같은 질환이 드러나는 것은 물론이고 갈증이 나는 상황과 물을 먹음으로써 갈증이 해소되는 상황도 뇌 사진으로 확인할 수 있다. 머지않아 뇌 속에 있는 세포와 신경전달물질의 미세한 움직임까지 영상으로 확인할 수 있게 되면 '약물이 정확히 치료부위에 도달하는지', '유입된 약물이 뇌세포와 신경에 어떤 변화를 유발하는지', '약물이 다른 어떤 영역으로 이동해서 부작용을 유발하는지' 등을 알 수 있게 되어 질환에 적합한 최적의 약물을 정확하게 사용할 수 있는 날이 도래할 것이다. 미국은 「뇌 연구 10년 법안(Decade of the Brain)」을 제정하고 미국 정신건강 연구소의 선도적 뇌질환 연구 프로그램(NIMH Treatment Development Initiative) 등을 통해 뇌질환 치료기술 개발을 집중 지원하고 있고, 일본도 「뇌의 세기(Century of the Brain)」 선포 등을 통해 뇌질환 치료에 국가적 역량을 집중하고 있다. 이는 우주보다 더 넓고 오묘한 뇌의 신비를 밝히는 신경과학연구가 생명의 신비를 밝히고 미래 인간의 삶의 질을 결정하는 주요소로 여겨지고 있기 때문이다. 또한, 미래의 산업으로 각광받고 있는 컴퓨터나 로봇 연구의 한계 역시 신경과학 연구를 통해 극복될 것이다. 뇌졸중, 치매, 파킨슨병 등의 퇴행성 뇌질환 치료를 위한 연간 시장 규모가 미국이 200조 원, 한국이 약 10조 원에 달하며 이들 신경계질환들은 한순간에 죽음을 불러오거나 삶의 질을 극도로 악화시킨다. 1980년대 초 필자가 신경과학에 입문할 때만 해도 성숙한 신경세포는 재생이나 분화가 불가능하다고 배웠지만 지금은 부분적으로 재생이 가능한 것으로 밝혀졌다. 그러나 재생률이 너무 낮기 때문에 현재 과학수준에서 신경의 퇴화나 파괴로 인한 질환을 치료할 방법은 없다고 해도 과언이 아닐 것이다. 현재까지 개발된 약물들은 남아 있는 신경을 유지시키거나 그 활성을 증가시켜 부분적으로 증상을 개선하거나 병의 진행을 느리게 하는 정도의 역할을 할 뿐이다. 그렇다면 방법이 전혀 없는 것일까? 물론 아니다. 분화 가능한 신경세포(줄기세포)를 파괴되거나 퇴화된 뇌 부위에 이식하여 잃어버린 기능을 되살릴 수 있는 방안을 모색하고 있다. 다양한 성인 뇌 부위에 내재성 신경줄기세포가 분포하고 있음이 밝혀지고 있어, 신경세포(줄기세포) 이식뿐만 아니라 내재적 줄기세포를 이용한 치료기술도 개발되고 있다. 이외에 최근에 문제가 되고 있는 알코올, 약물, 인터넷게임 및 도박 등과 같은 중독성 문제도 약학도들의 머리와 손을 기다리고 있는 뇌신경과학 연구의 중요한 분야이다.

뇌 속에 있는 신경세포의 전기적 활동은 뇌파라는 신호를 통하여 감지된다. 특정 생각이나 정신 활동에는 수만 개, 아니 수백만 개의 신경세포들이 관여하는데 이때 개개의 신경세포가 발생시키는 전위가 유사한 리듬을 타게 되고 그 리듬의 총합이 뇌파로 나타난다. 즉, 뇌파를 분석하면 부분적이지만 정신상태 또는 정신활동의 경향을 파악할 수 있으며 이는 수면장애, 간질, 뇌손상과 정신병 등의 진단에 활용되고 있다. 역

으로 뇌파는 빛이나 소리 등의 자극에 의해 변할 수도 있고 부분적으로 조절될 수도 있다. 특정 뇌파 상태를 유지할 경우 집중을 잘할 수 있다는 가설에 따라 개발된 '엠씨스퀘어'라는 학습보조기구가 애타는 수험생들에게 혹시나 하는 기대를 불어넣기도 한다.

 신경과학 분야의 가장 큰 학술대회인 SFN(Society For Neuroscience)이 매년 가을 미국에서 개최된다. 2010년 11월 13일부터 17일까지 샌디에이고 컨벤션센터에서 개최되었던 SFN에도 3만 1,975명의 신경과학자들이 참가하여 1만 5,000여 편의 논문들을 발표하였다. 그렇게 쌓이는 정보의 양이 어마어마할 뿐만 아니라 학문의 진보속도도 엄청나다. 최근 들어 특별히 주목을 끄는 것은 학문 간의 융합이다. 신경생물학, 뇌의약학, 인지과학과 뇌정보학 등의 융합을 통한 신선한 연구결과들이 기하급수적으로 늘어나고 있다. 이러한 연구들이 계속 활발히 진행되면 영화 속에나 있을 법한 외부에서 사람의 뇌파를 조정하고 더 나아가 생각과 정신 상태를 미세하게 조정하는 일들이 가능하게 될 수도 있다. 소위, '가상현실'을 체험할 수 있다는 것이다. 그러나 우리의 모든 감각과 생각이 특정 체계에 의해 지배될 수 있는 가상현실 프로그램은 상상할 수 없는 파장을 불러올 수도 있다. 물을 마시면서 주스를 마시는 것처럼 느낄 수 있고 방 안에서 와이키키 해변에 있다고 느낄 수도 있다. 약물 없이 가벼운 통증을 조절할 수도 있고 불안이나 우울증 등의 정서장애도 약물 없이 치료가 가능하며 쾌감과 행복감마저도 기계장치와 시스템에 의해 지배될 수 있다. 긍정적으로 바라보면 마약중독의 문제를 해결할 수도 있지만 게임에 중독되듯 인간의 삶이 시스템에 의존될 수도 있다. 지금은 드라마나 영화를 눈으로 보고 귀로 들으면서 대리만족을 하고 감동하여 눈물을 흘리지만 이 시스템이 가동되면 시청자들은 주인공 또는 극 중의 특정인물이 되는 가상현실에 빠진다는 이야기다. 결국 인간의 생각 일부분을 인위적으로 조정할 수 있게 된다는 것이다. 어떻게 활용되느냐가 문제이긴 하지만 '가상현실'과 같은 뇌과학의 발달은 다이너마이트나 핵무기의 개발보다 더 위험한 일로 우리의 삶에 전개될 수도 있다. 뇌기반 융합 연구와 기술은 빠른 속도로 진보하고 있고, 21세기 중·후반이 되면 뇌신경의 비밀 중 상당 부분이 밝혀져 현재에는 불가능한 손상 뇌신경을 복구할 수 있을 뿐만 아니라 인간의 두뇌를 닮은 인공뇌나 신경컴퓨터가 장착된 로봇이 등장하여, 사람과 유사하게 자율적으로 생각하고 행동하는 능력을 갖춘 인조인간이 출현할지도 모른다.

언제쯤이면 암의 공포에서 벗어날 수 있을까?

우리나라에서 2005년에 암으로 사망한 사람은 총 6만 5,479명으로 전체 사망자의 26.7%에 해당된다. 사망자 네 명 중 한 명은 암 때문에 사망한 것이다.

암(cancer)이라는 말은 그리스어에서 게(crab)를 뜻하는 'karkinos'에서 유래되었는데 이는 '게처럼 무언가에 달라붙으면 떨어지지 않는다.'라는 뜻에서 온 듯하다. 암은 돌연변이에 의해 끝없이 증식하는 성질을 갖게 된 종양세포의 덩어리다. 그 세포덩어리가 우리 몸(숙주) 안에서 끊임없이 증식하며, 그 과정에 숙주의 생리기능마저 마비시켜 결국 죽음에 이르게 하는 것이다. 대개 암세포 수가 109개 정도 되면 그 덩어리의 크기는 1㎤로 발견가능한 정도가 된다. 수술, 약물, 방사선 등으로 암을 제거한다는 것은 그 암 조직의 99~99.9%를 없애는 것이다. 산술적으로 보면 여전히 0.1~1%(106~107개, 백만 개~천만 개의 암세포)의 암세포는 남아 있는 상태다. 그것들이 또 무슨 일을 저지를지 모르기 때문에 공포는 계속된다. 이러한 암의 공포로부터 해방되는 길은 크게 두 가지로 볼 수 있다. 첫 번째는 암 덩어리를 제거하거나 사멸시키는 것이고, 두 번째는 우리 몸 안에 그냥 두되 우리 몸의 생리기능을 방해하지 못하도록 제어하는 것이다.

암세포를 사멸 또는 제어하는 물질을 항암제라 한다. 초기 항암제들은 치료효과도 낮은 데다 심각한 부작용을 동반했기 때문에 외면되어 왔다. 하지만 1970년대 이후 플루오로우라실, 시스플라틴, 안트라사이클린 등 비교적 효과적인 약물들이 개발되었고, 1990년대 이후에는 탁솔, 젬시타빈, 옥살리플라틴, 이리노테칸 등과 같은 보다 우수한 효능을 가진 항암제들이 개발되면서 수술, 방사선요법, 면역요법과 함께 항암치료를 위한 중요한 방법으로 인정되고 있다.

분자생물학, 세포조직학의 발전에 따라 항암제의 투약설계 방식과 투여방법도 다양한 형태로 빠르게 발전하고 있다. 항암제 사용의 문제점 중 하나는 항암제가 암세포에만 선택적으로 작용하는 것이 아니라 정상세포에도 작용한다는 것이다. 국소 투여방법이 있긴 하지만 항암제를 먹거나 주사하면, 결국은 혈액으로 유입되어 피가 통하는 곳은 어디든 상관없이 들락거리며 우리 몸 곳곳에 작용한다. 그래서 암세포뿐만 아니라 분열 속도가

다양한 미래기술들이 2020년경에는 상용화될 수 있을 것으로 여겨지고 있다.

빠른 정상 세포, 즉 구강과 위장관 점
막세포, 적혈구 등을 만드는 골수세포 또
는 머리카락을 만드는 모낭세포까지 침투
하여 정상세포를 못살게 굴거나 죽게 한다.
그 결과 메스꺼움과 구토, 탈모, 감각이상

등의 고통스러운 부작용들이 나타난다. 그럼에도 불구하고 항암제를
사용할 수 있는 것은 항암제는 암세포에 보다 선택적으로 작용하고,
정상세포는 항암제에 의해 손상을 입었어도 그 손상을 복구할 수 있
는 능력이 좋은 반면 암세포들은 항암제 공격에 대한 복구 능력이 낮
아서 결국 사멸하기 때문이다. 최대의 암세포 사멸효과를 달성하면서
도 부작용은 최소화시킬 수 있는 항암제의 개발이 암 정복의 관건이
므로 이에 대한 연구가 활발히 진행되고 있다.

　미래의 항암제 또는 항암제 요법은 결국 100% 암을 제압할 수 있는
효능과 일상에 불편을 주지 않을 정도의 부작용을 확보하는 데 그 목
표를 두고 있다. 눈부시게 발전하고 있는 분자생물학의 이론을 도입하
여 '분자-표적치료'라는 새로운 개념의 항암제 요법이 개발되고 있다.
이것은 암의 발생과 진행에 따른 분자생물학적 과정을 정리한 후 단
계별 또는 핵심단계를 차단하는 방법이다. 또한 세포의 신호전달경로,
세포주기조절, 혈관신생 등에서 핵심적인 역할을 하는 다양한 분자들
에 특이적으로 작용하도록 고안된 약물을 처치함으로써 정상세포에
대한 손상을 최소화하는 방안도 연구되고 있다.

또 다른 접근법은 약물유전학을 활용하는 것인데, 쉽게 설명하면 맞춤약물요법이라고 할 수 있다. 먼저 환자의 혈액이나 종양세포의 유전자 검사를 통하여 다양한 항암제 중 가장 효과적이고 최소의 부작용을 초래하는 항암제를 검색한 후 최선의 약물을 선택하는 것이다. 현재까진 림프종, 유방암, 폐암 치료의 극히 일부에서만 활용되고 있지만 약물유전학에 대한 정보가 증가할수록 확대될 것이다.

마지막으로 '세포면역요법'이 있다. 정상 림프구는 항암기능이 약할 뿐만 아니라 암환자들은 치료과정에서 림프구의 수도 감소한다. 암환자의 림프구들을 체외로 뽑아내어 인터류킨-2 등과 같은 사이토카인과 함께 시험관에서 일정시간 동안 배양시키면 강한 항암능력을 가진 많은 양의 림프구로 증식된다. 림프구 중에서 특별히 자연살세포가 항암능력이 강한 것으로 밝혀졌다. 증식된 대량의 자연살세포를 다시 암환자에게 주입하면 특별한 거부반응이나 부작용 없이 암세포를 공격하여 암을 제거할 수 있을 것으로 기대된다.

그러나 혈압이 떨어지고, 호흡이 어려워지는 등의 부작용뿐만 아니라 그 효능도 아직까지는 기존 항암제보다 우수하다는 증거가 약하다. 이론적으로 강력한 항암효과가 기대되던 세포  면역요법이 한계에 도달한 또 다른 주요 이유는 주입된 세포의 대부분은 폐나 간으로 이동하고, 0.005%만이 종양이 있는 곳으로 간다는 점이다. 아무리 강력한 종양파괴면역세포라 하더라도 종양부위에 도달하지 못하면 소용이 없으므로 이를 개선하기 위한 연구가 진행 중이다.

그 외에도 다양한 미래기술들이 있다. 단세포군항체 요법과 암세포백신, 유전자치료법의 개발 등이 2020년경에는 상용화될 수 있을 것으로 여겨지고 있다. 약물을 통한 암예방요법도 매력적인 암 퇴치전략임이 틀림없다. 아직까지 효과적인 암예방 약물이 개발되진 않았지만이 또한 2030년에는 가능할 것으로 추정되고 있다. 이를 종합해 보면 최소한 2020년에는 암에 의한 사망률이 현격하게 감소할 것이며, 2030년 이후에는 암 발생률도 감소할 것이다. 그때에는 오늘날 폐렴을 치료하고, 고혈압이나 당뇨를 조절하듯 암도 조절할 수 있는 수준에 이를 것으로 기대한다.

비타민 C의 항암작용

감기 예방과 치료에 대한 비타민 C의 유효성 여부는 해묵은 논쟁거리였지만 유효성이 있다고 인정받는 데 결정적으로 공헌한 사람은 라이너스 폴링이라고 할 수 있다. 비타민 C가 전염병에 대한 저항력을 높여줌으로써 감기증세도 호전시켜 준다고 믿었기 때문이다.

폴링은 원래 화학자로서 초기에는 주로 화학결합과 분자구조에 관한 이론화학 분야에서 많은 업적을 남겼고 후기에는 그의 지식을 생체계에 적용하여 면역항체와 단백질의 구조해명에 관한 연구업적을 쌓았다. 그는 1971년 감기예방에서와 같이 암 치료에 다량의 비타민 C 투여를 제의하였고, 그 후 그의 주장을 뒷받침할 수 있는 많은 과학자들의 기초연구가 수행되었다. 또한 암환자에게 실시한 임상실험 결과에서도 긍정적인 결과가 얻어졌다.

비타민 C가 암 치료에 좋다는 근거는 무엇일까? 암 발생에 대한 그의 견해에 의하면 어떤 종류의 암이든지 암이 발생하고 진행되는 가장 중요한 인자는 이들 질환에 대한 환자의 자연방어력의 감소라는 것이다. 이것이 사실이라면 방어력을 강화할 수 있는 수단이 바로 암 치료효과를 높이는 방법인 것이다. 폴링은 비타민 C가 이러한 작용을 갖고 있다고 주장하였다.

악성종양의 침범에 충분히 견딜 수 있게 하기 위해서는 보통 세포의 세포간 기본물질을 강화해야 하는데 이를 위해서는 섬유성 단백인 콜라겐과 피브릴린이 많아져야 한다.

비타민 C를 다량 투여하면 콜라겐과 피브릴린의 생합성 속도가 증가된다

는 것이 밝혀졌다. 또한 비타민 C는 악성종양의 성장에 필요 불가결한 리소좀에 존재하는 배당체 분해 효소를 억제한다는 사실도 밝혀졌다. 위와 같은 연구결과를 토대로 스코틀랜드의 한 병원에서는 임상실험을 실시하였다.

100명의 암환자에게 1일 10g의 비타민 C를 투여하였고, 1,000명의 대조군은 비타민 C의 투여 없이 성별, 연령, 암 종류에 따라서 동일한 치료방법이 적용되었다.

비타민 C를 투여한 환자의 평균수명 연장 기간은 대조군에 비해서 4배나 더 길었고 이들 환자의 일부는 대조군보다 20배나 더 오래 살았다는 임상효과를 얻었다.

비타민 C의 치료효과는 식욕증진, 진통제 사용량 감소 등으로 나타났다. 투여량에 있어서는 1일 50g을 경구 또는 정맥주사로 투여하였지만 암 치료에 가장 적합한 비타민 C 투여량은 앞으로 더 검토해서 정해야 하는데 지금까지 임상결과에 의하면 2g으로 시작해서 10g 정도까지 점차 양을 늘린 다음 이 양을 유지하는 것이 바람직하다고 한다. 비타민 C는 암의 보조치료수단으로 바람직하다고 볼 수 있다.

IT시대의 약물치료

IT란 Information Technology의 준말이며 우리말로 정보산업이라고도 한다. 현대가 정보화시대에 접어들면서 정보(데이터)를 가공하는 모든 기술을 통칭하는 의미로 확대되었으며, IT 산업이란 이러한 개념을 기반으로 컴퓨터, 전자, 통신 등 여러 가지 정보를 가공하고 이용하는 산업들의 총칭이다. 이러한 IT 산업의 발전과 발맞추어 의약계도 폭넓은 정보화기술을 이용하여 의약계의 발전을 이루고 있으며 이를 국민보건증진에 적용하고 있다.

얼마 전까지만 해도 질병치료를 위한 약물의 처방은 주로 증상과 표준화된 진단을 토대로 이루어져 왔지만 약물치료 반응에서의 개개인의 다양성은 특정 환자에서의 약물 효과 및 안전성의 예측을 어렵게 하는 문제점들을 제기하였다. 비록 성별, 나이, 인종, 체중, 병용약물 등 많은 인자가 개인 간 약물반응에 영향을 미친다는 것이 알려졌지만, 각 개인의 약물 효능성과 안전성을 예상하기에는 불충분했다. 이러한 개인 간 약물반응의 다양성에 대한 간과로 야기되는 부적절한 약물치료 및 그로 인한 이상반응은 유병률 및 사망률의 증가 외에 의료비용, 재원기간 등의 증가를 야기해 왔다. 이러한 약물반응의 개인 간 차이를 극복하기 위해 약물동태학(pharmacokinetics)과 약물동력학(phamacodynamics)적인 노력들이 지속되고 있는데 약물동태학은 개인 간 약물분포의 차이를, 약물동력학은 유사한 약물농도에서 약물반응의 차이를 분석하여 그 정보들을 제공하는 분야이다.

최근 인간유전체 지도의 완성과 더불어 약물유전체학(Pharmaco-genomics)의 등장은 '정보화 기술을 이용하여 환자 개개인에 적합한 약물치료에 적용한다.'는 기술의 개발에 대한 가능성을 증가시키고 있다. 약물유전체학이란 화학물질 중 약으로 쓰이는 물질을 생물세포에 투여하고 그 변화를 분석하는 것인데 약물반응의 차이를 유발하는 유전적 변이에 주로 관심을 두는 약물유전학과는 달리 질병의 발생에 관여하는 유전자 분석과 유전자 발현조절 및 발현양상에 대한 연구를 포함하는 학문 분야로 약물에 의해 변화되는 모든 유전자 발현의 차이와 이러한 정보를 이용하여 맞춤약의 실현과 신약개발에 적용한다는 것이 주요한 내용이다. 약물유전체학의 발전으로 머지않은 미래에는 약물효과를 예측하는 약물치료가 가능하게 될 것이며 환자의 체질에 맞는 맞춤약물치료를 위한 유전체 진단기술의 개발 및 임상 활용기술의 확보로 부적절한 약물 사용으로 인한 경제적, 사회적 부담이 줄고 미래 지향형 고부가가치를 창출하는 정보 중심의 생명공학기술이 더욱 발전하게 될 것이다. 이렇게 개개인의 환자 상태에 따라 치료약물을 선정하고 치료방법을 달리하여 치료하는 것을 개인별 맞춤의학(Personalized medicine)이라고 하는데 약물유전체학의 발전으로 얻은 유전자에 대한 이해와 개인별 유전정보의 조직화가 아직은 그 정보량이 방대하고 이해하지 못하는 정보들이 많지만 우리를 머지 않아 맞춤의학, 맞춤약물의 시대에 살게 할 것이다.

약물투여의 안전성을 확보하기 위하여 약물정보화는 또 다른 형태로도 발전하고 있다. 바로 의약품처방조제 시스템(DUR : Drug Utilization Review)이라는 것인데, DUR이란 의사 및 약사에게 안전정보를 제공하여 연령금기 및 병용금기 의약품이 처방될 경우 자동으로 경고창이 떠 처방을 원천적으로 차단하는 시스템이다. 쉽게 말해 중복되는 약을 막아 주기 위해 시스템을 통해 확인하는 과정을 의미한다. DUR은 2010년 12월 1일부터 운영돼 현재 전체 요양기관의 96%인 6만 4,000여 요

양기관이 참여하고 있으며 2011년 10월부터 상급종합병원 중 처음으로 서울대병원과 전북대병원이 일부 진료과에서 DUR 점검을 시작하

고 있다. DUR 시스템은 환자의 안전한 투약을 위해 특정한 나이에 먹으면 안 되는지, 임신부가 먹어도 되는지, 기존에 먹고 있는 약과 같이 먹어도 되는지 등을 미리 점검해 준다. 예를 들면, 평소 허리가 아파 정형외과 등에서 통증조절을 위해 주사를 맞거나 약을 먹고 있는 환자가 아스피린을 사 먹을 경우 위장관출혈이 생길 수 있다거나 약국에서 구입하고자 하는 약이 병원에서 처방받아 이미 먹고 있는 약과 효능이 동일하거나 함께 먹어서는 안 되는 약 등이 있는지를 확인해 줄 수 있다. 이러한 DUR제도를 통해 기대할 수 있는 또 다른 효과로는 환자에 대한 안전한 처방전 발행으로 병원의 의사 및 약사의 불안감 해소, 약사에 의한 처방관리 기능의 강화로 병원약사 직능의 전문성 향상 및 의사와 약사 간의 커뮤니케이션 원활, 병원환자에 대한 복약지도 강화로 진료의 질 향상, 자동검토를 통한 처방감사로 처방관리 업무 관련 인건비 절감, 안전한 처방전의 발행으로 병원의 이미지 향상 등의 효과를 가져올 수 있다.

이렇게 IT시대에 살고 있는 현대인들은 정보의 풍요 속에 점차 질 높은 의료 서비스를 받게 될 것이나 개인정보의 공유가 자칫 개인 사생활의 침해로 이어질 수도 있으며 어설픈 약물에 관한 지식은 전문가의 상의 없이 투약되었을 때 심각한 상황을 야기할 수도 있다.

현대인들은 손쉽게 다양한 지식을 얻을 수 있으며 의약정보에 대한 지식도 이제는 일반인들이 쉽게 접근할 수가 있다. 대한민국의약정보센터(KIMS)나 건강보험심사평가원, 의약정보연구센터를 비롯하여 드러그인포, 팜온, 데일리팜, 네이버건강의약품 등 많은 기관이나 단체들이 의약품에 관한 상세하고도 전문적이며 주요한 정보들을 쉽게 웹사이트를 통하여 일반인들에게도 제공하고 있다. 하지만 이렇게 방대하고도 전문적인 지식들을 자칫 비전문가들이 잘못 해석할 때에는 심각한 약물사고를 유발할 수도 있으므로 약의 투약 전에는 항상 약사, 의사들을 비롯한 전문가들과의 상의가 요구된다.

새로운 과학 오믹스의 세계와 바이오융합기술

오믹스는 2001년 인간유전체지도가 완성되면서 도입된 생명과학 분야의 핵심기술로서 대량의 생물정보를 신속하게 생산, 처리할 수 있게 하였다. 오믹스(-omics)를 우리말로는 '-체학'으로 번역할 수 있다. 예를 들어, 유전체학(genomics)은 기존의 단편적 유전자 연구에서 탈피하여 유전학(genetics) 연구에 복합적인 패러다임을 적용하여 유전자들을 총체적으로 연구하는 것을 말한다. 오믹스는 많은 '체(-ome)'를 네트워크로 인식하여, 수천 가지의 체들을 동시 다발적으로 연구하는 것이다. 오믹스의 개념을 쓰면, 기존의 생물학적 단편 지식과 분석 결과를 다른 체들과 유기적으로 결합함으로써 이해의 폭과 깊이를 배가시켜 근본적인 생명현상과 원리의 이해로 접근할 수 있다. 이들 오믹스의 종류는 수천 가지에 이를 수 있지만 잘 알려진 오믹스 이름에는 유전체학(genomics), 단백체학(proteomics), 트랜스크립토믹스

(transcriptomics), 글라이코믹스(glycomics), 세포체학(cellomics) 등이 있다. 이러한 오믹스 기술은 기본적으로 IT기술, 즉 정보처리 속도에 기초를 두고 있다. 더 나아가 오믹스에서 분자 수준의 기능적 상호작용은 세밀한 나노기술을 도입해 분명하게 확인할 수 있다. 어렴풋이 보이던 생명의 산이 나노기술을 도입하면서 그 산에 어떤 모양을 한 몇cm 크기의 무슨 나무가 몇 그루 있고, 하루에 얼마만큼 자라나는지를 볼 수 있게 되는 것이다. 즉, IT와 NT의 발전 없이는 오믹스 세계의 발전도 기대할 수 없다. BT-NT-IT 융합기술의 잠재력은 우리들의 상상을 초월하며, 그 영역은 비단 의약 분야에만 국한되지 않는다. 그러나 이들 융합기술이 우선적으로 기여할 수 있는 가장 중요한 영역은 생명과학 분야가 될 것이다. 예전의 융합이 물리적인 융합이었다면 미래에는 화학적 융합으로 발전될 것이다.

유럽연합이 1,600억 원을 투자해 진행하고 있는 '마이크로-나노-바이오 융합시스템(Micro-Nano-Bio Convergence Systems, MNBS)' 프로젝트에서도 융합의 미래를 볼 수 있다. MNBS에서 현재 개발 중인 바이오 융합기술의 내용을 살펴보면 주로 바이오센서와 바이오칩과 관련되어 있는데 시험관내 DNA와 단백질 진단을 위한 비표지 방식 통합 바이오센서, 단일 순환 종양 세포의 자기적 분리, 분석을 위한 통합 마이크로시스템, 마이크로 단위 유체역학 및 폴리머와 실리콘 재료를 사용한 통합 검출 및 통제회로를 통한 DNA분석기술 등이 있다.

한 컨설팅 기관은 나노–바이오기술, 분자진단, 바이오칩 시장만 해도 2005년 각각 80억, 65억, 그리고 18억 달러 규모에서 2015년에는 700억, 350억, 105억 달러로 약 6~9배 가량 폭발적으로 성장하리라 예측하였다. 또한 한국과학기술정보연구원(KISTI)이 선정한 세계시장에서 통할 중

소기업형 미래유망 과학기술에 바이오칩의 일종인 '랩온어칩(lab on a chip)'이 선정되었다. 손톱만 한 크기의 칩 하나로 실험실에서 할 수 있는 연구를 수행할 수 있도록 만든 장치로서 플라스틱, 유리, 규소(실리콘) 등의 소재를 사용해 나노(10억 분의 1)리터 이하의 미세 채널을 만들고, 이를 통해 극미량의 샘플이나 시료만으로도 기존의 실험실에서 할 수 있는 실험이나 연구과정을 신속하게 대체할 수 있도록 만든 칩이다. 특히 차세대 진단 장치로 주목하고 있는 이 칩을 이용하면 한 방울의 피로도 각종 암이나 적혈구, 백혈구의 세포 수 측정이 가능함으로써 향후 신약개발과 진단 검사 분야에서 광범위한 활용이 기대되고 있다.

의약 부문의 예를 보면 흡입용 인슐린과 투약기구의 개발과정에서 흡입용 인슐린 입자는 식품 산업 공정에서 곧잘 쓰이는 분무 건조과정으로 제조되었고, 흡입 가능한 인슐린에 맞는 새로운 노즐과 원심 분리장치는 디젤 엔진의 기화기 설계 전문가가 개발하였다. 또한 흡입형 인슐린을 포장하는 미세 입자 충전은 진동과 진공 관련 기술과 수중호흡장치기술을 활용하였고 이 외에도 컴퓨터와 프린터에 활용되는 기술이 사용되었다. 또한, 흡입형 인슐린 제조 장소의 온도를 극도로 안정화시키는 방법은 장기간의 가뭄 동안 단백질 안정 상태를 유지하는 사막의 식물과 무척추 동물들의 생존전략에 대한 연구에서 아이디어를 얻었으며, 폐(lung)가 인슐린을 상당히 잘 투과시킨다는 사실은 어류의 장내 지방흡수에 대한 해양생물학자들의 연구에서 얻어졌다.

선배 학자들의 끊임없는 질문들에 대한 해답을 찾아내려는 시도를 통해서 학문이 발전해 온 것처럼, 미래의 약학도들의 융합적인 사고와 다양한 노력은 미래의 약학을 변화시킴으로써 우리의 미래는 정신적, 육체적으로 건강해질 뿐만 아니라 문화적, 물질적으로 풍요로워질 것이다.

4차 산업혁명시대의 제약산업

4차 산업혁명은 2016년 세계경제포럼에서 처음 다뤄진 개념이다. 4차 산업혁명은 3차 산업혁명을 기반으로 디지털과 바이오, 물리학 등의 경계를 융합하는 기술 혁명을 말한다. 과거의 1차 산업혁명은 증기기관 활용으로 시작된 기계적 혁명이고, 2차 산업혁명은 전기를 동력으로 사용하면서 대량생산이 가능해지게 된 것이다. 3차 산업혁명은 정보통신기술의 발달로 개막된 정보기술 시대를 의미한다.

4차 산업혁명의 핵심 키워드는 융합과 연결이며, 주요 특징은 세 가지이다. 첫째는 인간과 사물, 사물과 사물이 모두 연결되는 초연결성이다. 둘째는 이 초연결성을 기반으로 생성된 빅데이터를 분석하고 이해하여 얻어진 통찰력으로 초지능성이다. 셋째는 초지능성을 활용해 미래를 예측하는 예측 가능성이다. 이 중에서 단연 대두되는 것은 초지능성을 대표하는 온라인 사이버 세계의 인공지능과 초연결성의 기반이 되는 블록체인이다. 인공지능은 오프라인의 물리적 세계에서 생성되는 빅데이터를 활용하여 선택의 비용을 줄일 수 있는 기술이다. 블록체인은 사이버 세계에서 데이터가 유통될 수 있도록 만들어 주는 기술로 신뢰의 비용을 획기적으로 감소할 수 있는 기술이다. 인공지능의 발전을 위해서는 양질의 데이터를 확보하고 유통하는 것이 필요한데, 이것을 블록체인이 이루어 줄 것이다.

인공지능은 사람들의 이해 부족과 공상과학 영화에서 경험한 과장된 인식으로 다소 과대 포장되어 설명되는 측면이 있다. 이 때문에 인공지능의 실제 가치에 대해 냉소적인 회의론도 있다. 인공지능은 1950년에 수학자이자 암호학의 대가인 앨런 튜링 박사가 기계의 지능에 대한 테스트로 튜링테스트를 발표하면서 시작된 학문이다. 존 매카시 박사가 1956년 다트머스 회의에서 인공지능을 공식 학문으로 출범시켰다. 그리고 1970년대에 이르러서야 의료 분야에 인공지능이 적용되어 Internist-1, CASNET 및 MYCIN 등의 시스템이 개발되었다. 하지만 사람들의 기대치에 너무 밑도는 수준으로 실패하게 된다. 1980년대에 등장한 인공지능 기반의 전문가 시스템인 XCON의 초기 성공은 재기의 전망을 밝히는 듯했으나 룰을 정의하고 프로그래밍해야 하는 한계로 인해 다시 실패하게 된다. 이 실패로 인공지능에 대한 관심은 급속히 냉각되었다.

1990년대에 컴퓨팅 기술이 급속히 발전하고 인터넷으로 데이터가 대규모로 축적되면서 인공지능은 새로운 전기를 맞게 된다. 매우 저렴한 비용으로 컴퓨팅 자원을 사용할 수 있고, 빅데이터를 학습할 수 있는 기계 학습의 발전은 인공지능의 새로운 가능성을 열었다. 1997년 IBM의 슈퍼컴퓨터인 Deep Blue가 체스게임에서 체스 챔피언인 Garry Kasparov를 물리친 것은 인공지능 발전의 획기적인 전환점이었다.

2012년을 기점으로 심층신경망 이론의 기계 학습 분야에서 계산식의 오류와 과적합 문제가 해결되면서 인공지능의 수준은 급상승했다. 인공지능은 음성인식과 이미지 분류 영역에서 2014년을 기점으로 이미 인간의 수준을 넘어섰다. 일상생활에서 발생하는 상황을 인식하여 일반인을 대상으로 대화하는 서비스를 제공하는 수준에 도달했다. 인공지능은 컴퓨팅 파워의 획기적인 증가와 함께 인터넷을 기반으로 생성되고 공유된 데이터세트의 등장 그리고 빅데이터로 인해 급속히 발전하였다.

인공지능 기술의 발전으로 더욱 많은 제품과 서비스가 4차 산업혁명의 핵심적 개념인 사이버-물리시스템에 적용되고 있으며 자율주행차, 음성인식 스피커, 개인 비서, 신약개발에 이르기까지 첨단기술 산업 분야에서 활용 사례가 증가하고 있다.

제약산업에서 신약의 개발은 가장 중요한 주제이다. 신약은 개발에서 시판까지 매우 긴 시간이 걸리고, 대규모의 투자를 함에도 기술적 구현 가능성조차 불확실한 특성을 가지고 있다. 게다가 신약개발에 성공하더라도 시장으로 반드시 연계되어 사업이 되는 것도 아니다. 신약개발은 초기에 5천에서 1만여 개 이상의 신약 후보물질을 발굴하면서 시작된다. 이 중에서 평균적으로 단지 9개만이 임상시험에 진입하고, 임상시험이 완료된 하나의 신약만이 최종적으로 허가를 받아 시장에 시판된다. 21세기에 들어서면서 점차 강화된 규제로 신약개발에 대한 실패 위험은 증가하고 있다. 규제기관의 허가를 위해 필요한 임상시험 기간이 1990년대에는 평균 4.6년이었으나 2000년대에 들어서는 7.1년으로 증가했다.

신약개발의 실패 위험이 높은 이유는 세 가지 특성 때문이다. 이 세 가지는 개별성, 통합성, 복잡성이다. 신약 분야는 생명현상을 다룬다. 물리학이나 화학과 달리 방법론적인 통일성이 존재하지 않는다. 한 영역에서 여러 분야들을 연결시킬 만한 통합 이론이 없다. 생물학은 다른 학문보다 분산적이라 신약의 경우 그 효과는 모든 사람들에게 동일하게 나타나지 않는다. 조금만 달라도 연구 결과가 다르게 나타나거나 같은 결과를 반복하기 어려운 개별성이 있다. 개인맞춤의료에 대한 관심도 개별성과 관련이 있다. 모두에게 적합한 의약품은 존재하기 어렵다. 특정 집단이나 개인의 특성을 반영한 신약이 필요하다. 환자 중심의 의료, 환자 참여 의학도 개별성과 관련 있다. 신약개발에 개인의 특성이 중요한 요소가 되면서 신약개발 시에 환자들의 적극적인 참여가 필수가 되고 있다. 이 특징으로 새로운 대규모 투자 의약품을 개발하는 데 집중했던 것에서 분산화된 연구개발 시스템으로 전환하고 있다. GSK는 연구개발팀을 6개의 Centres of Excellence in Drug Discovery(CEDD)로 개편하고, 각 센터들을 특정 치료 영역에 집중하도록 했다. 다양한 신약 후보 물질 파이프라인을 구축하여 위험을 수평적으로 분산하고 있다.

통합성은 신약개발 과정에 다양한 학문과 지식을 활용하여 통합적으로 접근하는 특성이다. 통합성은 복잡한 생명현상을 이해하기 위해서 잘 구분된 모듈을 기반으로 하는 연구가 아닌 통합적인 관점에서 신약을 개발하는 것이다. 여러 세부적인 생물학 분야를 통합한다. 그리고 물리학, 화학, 컴퓨터공학, 공학과 수학을 생물학으로 통합한다. 통합성은 제약사들의 신약개발 행태를 개방형 혁신으로 변화시켰다. 글로벌 주요 제약사들은 1990년대 초반까지도 대부분 자체 신약개발을 진행하였다. 하지만 1990년대 중반 이후부터 외부 연구자들이나 다른 기업에서 새로운 기술을 도입하는 경향이 증가하고 있다.

복합성은 생명현상을 다루기 때문에 발현하는 특성이다. 다양한 사회적 가치나 이해관계와 밀접한 관련을 갖는다. 안전성, 생명윤리, 환경보호, 환자 건강권, 의료보험 등의 다양한 가치들은 서로 충돌하기 쉽다. 법적 규제나 건강보험, 유통구조와 같은 제도적 환경이 제약산업의 지속성에 주요한 영향을 미친다. 현재 신약개발의 생산성 저하는 엄격해진 신약 허가와 밀접한 관련이 있다. 인공지능은 이 세 가지 특성의 복잡하고 방대하며 다양한 정보를 융합적으로 다루는 기술이자 도구이다.

신약개발이 실패 위험도 높고, 오랜 개발 기간과 막대한 비용을 필요로 하기 때문에, 신약개발 초기 단계에서의 효율성과 효과성이 제약산업의 지속가능성을 위한 중요한 요인으로 부상하고 있다. 신약개발의 기간을 단축하고 비용을 절감하는 것은 신약의 혜택을 가능한 한 많은 환자가 볼 수 있도록 하는 것뿐만 아니라 경제성이 떨어지는 희귀 질환에 대한 신약개발의 동인이 된다. 4차 산업혁명의 핵심 요소인 인공지능을 신약개발에 활용하는 것은 자연적 수순이다. 인공지능을 활용하면 모든 경우에 대해 직접 실험하고 증명하지 않아도 자동 문헌 분석, 독성 예측, 컴퓨터 시뮬레이션 등의 다양한 방식으로 신약 연구개발 프로세스를 혁신할 수 있다. 인공지능으로 방대한 빅데이터를 분석함으로써 임상시험을 최적화시키고 부작용이나 작용 기전을 예측하는 등 신약개발에 필요한 과정을 크게 단축할 수 있다. 인공지능 시스템이 발달하면 미래에는 단지 몇 명으로 구성된 기업이 저렴한 비용으로 짧은 기간에 블록버스터급 신약도 개발할 수 있을 것이다. 같은 인공지능을 사용하더라도 먼저 약물을 개발한 회사가 특허로 등록할 수 있다. 규모가 큰 제약사가 직접 신약을 개발하지 않고 약물 라이선스를 구매하여 판매를 전담하는 새로운 모델도 등장할 것이다.

신약개발에 필요한 빅데이터가 축적되고 이용 가능하게 되면서 지난 수년간 신약개발에 인공지능 기술을 활용한 기업이 증가하고 있다. 화이자는 IBM의 신약 탐색용 인공지능인 왓슨을 면역항암제 분야에서 활용하고 있다. 테바는 인공지능을 이용하여 호흡기 및 중추 신경제 질환 분석 및 만성질환 약물 복용 후 경과를 분석하면서 신약개발에 착수했다. 사노피는 Recursion Pharmaceuticals와 협력하고, GSK는 Exscientia와 신약 후보물질 개발 계약을 하는 등 인공지능 신약개발이 본격화되었다.

인공지능은 빅데이터를 활용하여 신약개발 과정을 획기적으로 혁신할 수 있다. 하지만 빅데이터가 화학 합성, 연구실험, 임상시험, 규제 승인을 대체할 수는 없다. 인공지능은 신약을 위한 연구개발 프로세스를 최적화하고 약물 후보군 개발에 필요한 시간과 비용 및 임상시험에서의 실패 위험을 최소화할 수 있도록 도와주는 도구이다. 융복합적으로 연관된 지식을 연계하고 통합하여 약물 및 치료법에 대한 혁신적인 아이디어를 제시하고 어떤 약물이 특정 질병의 치료에 가장 효과적인지 결정할 수 있도록 도움을 준다.

인공지능은 과거의 거품과는 근본적으로 다른 수준에 도달해 있다. 비즈니스에 이용 가능한 충분한 컴퓨팅 성능을 가진 인프라와 상용 클라우드 서비스를 사용할 수 있고, 기계학습 모델을 학습시키는 데 필요한 화학적, 생물학적 빅데이터를 충분히 가지고 있다. 심층신경망 등의 인공지능 기술은 주요 산업에서 변화의 기폭제가 되고 있다. 데

이터 중심의 변화는 제약산업에서 중요한 사안이다. 이 변화의 중심에 서기 위해서는 4차 산업혁명을 이끌고 있는 기술을 잘 이해하고, 그 기술들을 도구로 사용할 수 있는 능력이 절실히 요구된다.

대학생활을 알차게 보내는 다섯 가지 방법

실제 대학에 다니는 시간은 전체 일생에서 5% 남짓밖에 되지 않는 시간이지만, 대학 졸업 후 죽을 때까지 모든 것을 좌우한다고 해도 과언이 아닐 정도로 중요한 부분을 차지한다. 이처럼 중요한 시기를 무의미하게 보낸다면 가장 후회스럽고 큰 오점을 남기게 될 것이다. 시간을 알차고 보람 있게 보내는 방법은 사람마다 다를 수 있겠지만 내가 경험한 것을 기초로 다음 다섯 가지를 강력하게 추천하고 싶다.

하나. 독서

독서의 필요성과 중요성에 대해서는 두말할 필요가 없을 것이다. 요즘은 예전과 달리 컴퓨터를 켜면 세상 이야기가 한눈에 들어온다. 하지만 컴퓨터 모니터를 보면서 마우스를 클릭하는 동안에는 자신을 되돌아볼 시간적 여유가 없다. 정보의 홍수 속에서는 어느 것이 자신에게 유익한지 손해를 끼치는 독이 되는지를 판단할 지혜도 여유도 허락되지 않는다.

자신의 처지와 감정이입이 일어나게 되면 어느새 책 속의 내용은 고스란히 내 것이 되고 만다. 그런 가운데 자신의 세계를 넓혀 나가는 아이디어와 영감을 얻을 수 있을 것이다. 어떤 책을 얼마나 읽을 것인가는 사람마다 다를 수밖에 없다. 중요한 것은 늘 책을 곁에 두는 습관일 것이다.

야학으로
미래를 상상하다

둘. 동아리 활동

대학에 입학하게 되면 맨 처음 하는 일이 동아리에 가입하는 것이 아닐까 한다. 나에게 지금도 대학생활 기억 중 가장 깊이 남아 있는 일은 동아리에서 방학 때 투약봉사 갔던 일과 MT에서 있었던 추억들이다. 동아리 활동을 통해 동료와 선배들을 사귈 수 있고 대학생활뿐만 아니라 졸업 후 진로에 대해서도 많은 조언을 들을 수 있다.

특히 사회를 보는 시각이 넓어지고 자신을 되돌아볼 수 있는 기회가 된다. 공동생활을 통해서 다른 사람과 어울려 살아가는 방법을 배우고 토론 시간을 통해서는 자신의 생각을 정리해서 발표하는 능력도 키울 수 있을 것이다.

셋. 외국어 정복

지금은 글로벌시대다. 외국에 나가보면 이 단어의 뜻을 분명히 알 수 있다. 동남아는 물론이고 미국, 캐나다, 호주, 유럽 할 것 없이 전 세계 어디를 가도 한국 사람을 어렵지 않게 볼 수 있다. 이제 우리는 외국 사람과 소통하고 의견을 교환하는 일쯤은 기본이 되어야 하는 세상에 살고 있다. 여기에서 가장 중요한 것이 언어일 것이고 그중 가장 기본이 되는 언어가 바로 영어임은 누구도 부인할 수 없다.

영어교육에 대한 중요성은 공감하지만 어떻게 교육해야 하는지는 정부에서조차 뚜렷한 해법을 찾지 못할 정도로 일률적으로 정하기에는 어려운 일이다. 정도(正道)는 없는 것

같다. 학교와 학원을 통해 공부를 잘해 왔겠지만 대학에서는 이제 그 실력을 국제적으로 인정받을 수 있는 시험에 응시해서 그 점수를 확보해야 할 것이다.

각 대학에서도 여러 프로그램을 개설해 영어 실력의 향상에 도움을 주고 있다. 영어권 여러 나라와 교류협정을 맺고 어학연수와 교환학생 파견 등의 프로그램을 운영하고 있다. 이를 잘 활용하면 소기의 목적을 충분히 달성하리라 본다.

넷. 여행

'집 떠나면 고생이다.'라는 말이 있다. 이 말은 곧 힘은 들지만 집을 떠나 봐야 세상을 제대로 알 수 있다는 말이 아닐까 싶다. 자기가 살고 있는 곳 외에 다른 곳과 거기에 사는 사람들, 문화 등을 이해한다는 것은 같이 어울려 살아가는 데 필요한 가장 기본 덕목이라 생각된다. 이제 세계는 너무나 가까워졌다. 몇십 년 전만 해도 우리나라에 다문화 가정이 이렇게 많을 줄 누가 상상이나 했겠는가? 이제 외국 사람과 그 문화에 대한 이해가 필수적으로 요구되는 세상이다. 따라서 그곳으로의 여행은 또한 꼭 필요한 것이 되어 버렸다.

대학 시절 여행하기 좋은 이유는 우선 몸이 건강하고 상대적으로 쉽게 문화의 충돌을 극복할 수 있는 나이이기 때문이 아닌가 싶다. '백문이 불여일견'이라 했다. 될수록 많은 나라, 많은 곳으로 여행하기 바란다. 여행을 통하여 자신의 호연지기를 발견하고 여기에서 담은 꿈들을 무한히 펼칠 수 있었으면 한다.

다섯. 봉사

무릇 모든 국민은 소득에 관계없이 의식주가 해결되고 교육과 의료혜택을 받아야 할 권리를 가지고 있다. 하지만 공적인 힘으로는 한계가 있기 때문에 국민 모두의 자발적인 자원봉사활동이 복지국가를 만드는 데 필수적으로 요구된다. 특히 대학생의 참여는 사회뿐만 아니라 자신에게도 여러모로 유익한 결과를 준다. 이러한 봉사활동을 통해 자신의 삶을 긍정적으로 보는 시각이 생기고 보람을 느낄 수 있으며 자원봉사자 간의 교류를 통해 상호 정보를 교환하고 사회의식을 고취하여 자신의 문제를 살펴보는 계기가 됨으로써 자신의 문제해결에 도움을 준다.

또한 사회문제에 대한 관심도와 지식을 높여 사회에 진출했을 때 '오피니언 리더'로 갖추어야 할 소양과 책임감을 배울 수 있다. 봉사활동에는 여러 종류가 있을 수 있는데 각 대학마다 학생처에서 다양한 프로그램을 시행하고 있으므로 자신의 자질과 능력을 발휘할 수 있고 관심도가 높은 것을 택하면 되고 종류보다는 얼마나 적극적으로 참여하는지가 보다 더 중요할 것이다.

교수님들의
학문 이야기

study
#01

끈기의 한국여성
-강영숙 교수님 이야기

숙명여대 약대 4학년 재학 중 봄의 어느 날 오후, 앞으로 나는 무엇을 할 것인가를 고민하였다. 가끔씩 방학 때 친척이 운영하는 약국에서 일을 도와주며 살펴보았을 때, 일반 개국약사로서의 모습은 나에게는 그렇게 좋은 인상은 아니었고, 연구자로서의 미래를 꿈꾸는 것이 내가 할 일이라 생각되어 진학을 결심하였다. 그런데 나는 4형제 중에 둘째로 대학에 재학 중인 남동생과 고2 여동생도 있고, 등록금을 부모님께 부탁하기가 면이 서지 않아서 조교를 하면서 대학원을 다니는 것이 좋을 것으로 생각되었다. 또 연구를 한다면 어느 분야가 좋을 것인가를 생각해 보니, 약을 인체에 투여하였을 때 그 약이 어떻게 체내에서 변화되어 가는지가 궁금하였다. 그래서 약물동력학, 즉 약이 인체 내에 투여되어 어디서 흡수되고 배설되며 어떤 형태로 대사되고 어느 장기에 많이 분포되는지를 연구하는 분야의 교수님을 찾아가 조교를 하면서 대학원에서 연구를 하겠다고 말씀드렸더니 허락을 해

교수님들의
학문 이야기

주셨다. 그런데 나중에 보니 다른 친구에게도 똑같은 말씀을 하셔서 매우 불안하였지만 결국 조교로서 대학원에 진학할 수가 있었다. 처음에는 3명이 함께 시작하였지만 최후의 1인으로 남아 석사학위를 받았고 또 다음 과정을 위하여 조교 자격을 유지해 가며 일본유학을 준비하였다. 그때 나는 대학 졸업 후에는 혼자서 모든 것을 해 나가야 한다는 생각이 아주 강하였고 또 해외로 나가 공부를 하고 싶었다. 하지만 경제적으로 여유롭지 못하고 나만의 공부를 위해서 부모님께 의지하기도 마음이 편하지 못하였기에 머리에 떠오르는 것이 일본문부성 장학생이었다. 조교라는 자격으로 가능하였기 때문에 석사학위 취득 후 다시 월급이 적은 조교를 계속하면서 시험 준비를 하였는데, 결국 연금을 내지 않는 조교는 자격이 없다고 하여 시험을 보지도 못하였다. 그래서 직접 내가 모은 돈으로 유학을 가고자 제약회사에 취직을 하기로 하고 항생제의 원료를 합성하고 생산하는 국제약품의 품질관리부에서 제품의 안정성 또는 상호작용에 관련된 연구를 하는 연구약사로 근무하였다.

그러다 계획과는 달리 결혼도 하고 아이도 낳게 되어 연구의 꿈이 멀어져 가는 것은 아닌가 하고 불안하였다. 그러나 일본의 Kanazawa 국립대학은 의학과 약학의 관련 분야가 잘 연구되고 있고 학구열이 높은 곳으로 일본에서도 유명하다고 하여 일본으로 유학을 가게 되었다. 일단은 석사과정에서 약물의 체내동태와 약물상호작용에 관하여 연구를 하였기 때문에 박사도 같은 분야를 선택하였다. Tsuji 교수는 신체적으로 약간의 장애를 갖고 계신 교수님이었지만 일본에서 소화관의 흡수 및 체내동태에 관해서는 저명한 분이라 하여서 석사학위 논문과 성적표와 이력서를 보냈다. 그랬더니 연구생으로서 먼저 연구를 시작한 후에 박사과정에 들어갈 수 있는지의 여부를 결정하자고 하였다. 항생제 cephalexin의 흰쥐 체내동태에 관한 연구로, 내가 일본에 가기 전에 인도네시아에서 온 박사과정생이 실험을 하였는데 결과가 잘 나오지 않아 나의 연구력을 시험해 보고자 맡긴 일이었다. 최선을 다해 좋은 결과를 제출하자 지도교수는 굉장히 반가워하며 칭찬을 해 주었고, 그 후 박사과정에 입학할 수가 있었다. 아이를 데리고 외국에서 연구하는 것이 쉬운 일은 아니었다. 로타리 장학금을 박사과정 3년 동안 받게 되어 경제적으로는 어렵지 않았지만, 아이를 보육원에 하루 9시간 이상 맡기고 또 실험이 끝나지 않았거나 세미나가 있는 경우에는 일본인 친구들이나 한국유학생들에게 맡기는 등 아이에게 미안한 마음으로 눈물을 참아 가며 연구를 계속하였다. 마침내 우리나라에서는 전혀 연구가 진행되지 않은 분야인 중추신경계약물의 약효를 발휘하기 위해서 아주 중요한 혈액−뇌관문으로의 약물의 투과성에 관한 in vivo 연구를 통하여 SCI 등재 논문 3편을 게재하여 박사학위를 취득하였다.

이때 내가 얼마나 열심히 끈기 있게 연구를 하였는지, 일본인 교수나 한국유학생이 붙여 준 별명이 의지의 한국인, 끈기가 강한 한국여성이다. 학위 후에는 다시 Tokyo에 있는 Taisho제약회사 연구소에서 일본 연구원들과 함께 중추작용약물의 평가 및 혈액-뇌관문 투과성 평가에 관한 실험전반을 자문해 주는 연구원으로서 약물동태연구실에서 1년간 연구를 하였다. 귀국 후에는 한국과학기술원에 취직하려 하였으나 여자 박사에 대한 기피 때문에 다시 대웅제약 연구소의 약리연구팀에서 책임연구원으로서 근무했다. 항생제 신약의 개발연구에 새로운 평가기법을 도입하여 영국 등의 연구진으로부터 우수한 평가를 받기도 하였지만 그렇게 만족스럽지 못하였다. 그때 미국에서 in vivo 연구자를 모집하여 지원하였고 다시 미국의 UCLA의대 뇌연구소로 아이와 함께 가게 되었다. 미국에서도 혼자서 아이를 돌봐 가며 연구하는 것은 그리 쉽지 않았다. 뇌 연구의 권위자인 Dr. Pardridge 는 나의 열정을 칭찬해 주었고, 그렇게 여러 외국인 연구자들과 2년 동안 연구를 하였다. 박사학위를 다시 받는 기분으로 정열적으로 연구를 하여 20편 이상의 연구논문을 만들었고 1994년부터는 숙명여대 교수로 재직하게 되었다. 또 1년 후에는 독일의 Alexander von Humboldt 연구비를 받게 되어 약 2년 동안 500년 이상의 역사를 갖고 있으며 다수의 노벨상 수상자를 배출시킨 Marburg 대학의 생리학연구소에서 뇌 연구를 계속하였고, 일본에서 귀국한지 10년 만에 다시 3회에 걸쳐 Sendai에 있는 Tohok대학에서 객원

교수로서 젊은 학생들과 함께 연구에 심혈을 기울였다. 현재는 생리활성물질의 여러 혈액–조직 관문에 대한 투과성 및 약물송달에 관하여 연구를 계속하며 신약개발에 있어서 아주 중요한 약리활성을 증진시키고 부작용을 경감시킬 수 있는 방법 등을 모색해 가며 국민건강증진에 일익을 도모하려 노력하고 있다. 또 학생들에게는 생리학과 병태생리학을 강의하면서 연구와 교육에 힘쓰고 있다.

교수님들의
학문 이야기

1984년경 미국에서 박사학위가 끝날 무렵이었다. 미국 친구들이 한국에서 88 올림픽을 개최하게 되었다고 축하한다고 하였을 때 스포츠를 전혀 좋아하지 않던 나는 사실 아무런 관심이 없었다. 그런데 85년 초 한국에 돌아와서 처음 다니게 된 직장이 86 아시안 게임 및 88 올림픽에서 선수들의 약물검사를 담당하게 될 'KIST 도핑콘트롤센터'였다. 지금은 우리에게 많이 익숙해졌지만 그때는 '도핑'이란 단어 자체가 생소하였다. 당시에 이미 일부 운동선수들이 더 좋은 성적을 위하여 자의 또는 타의로 약물을 복용하고 있었고, 이는 윤리적인 문제뿐만 아니라 간, 콩팥의 독성 등으로 생명이 단축되는 상황까지도 생길 수 있어 1972년 뮌헨 올림픽부터 약물검사 제도가 도입되었다.

실제로 도핑 검사는 선수들에게 사용 금지되어 있는 stimulants, beta-blockers, steroids 등의 약물을 경기 직후 그들의 소변 시료에서 찾아내는 것이다. 이때 체내에 존재하는 약물의 양이 아주 적으므

로 극미량을 분석하기 위한 고도의 기술이 필요할 뿐만 아니라, 인체 내의 약물대사 등에 대한 지식도 필요하므로 약학을 전공한 나에게는 한번 도전해 볼 만한 분야였다. 또 경기 후 24시간이라는 짧은 시간 내에 반드시 정확한 결과를 도출해야 하였다.

KIST에서 미량분석을 위해 HPLC, GC 및 GC/MS 등의 기기를 활용하였으며 약물에 따라 적절한 추출 방법 및 확인 방법을 개발하였다. 뮌헨 올림픽 때 약물검사를 맡았던 독일의 도니케 교수 팀에서 처음 개발한 기술을 도입하여 이를 우리 실정에 맞도록 적절히 개량하였다. 약물을 다섯 그룹으로 나누어 박사급 연구원이 각각의 그룹을 맡았는데 나의 경우 Anabolic steroids를 맡게 되었다. Anabolic steroids는 남성호르몬과 비슷하지만 근육강화 기능을 더 강조한 것으로 육상, 수영 등 강한 근육을 필요로 하는 종목 선수들이 남용할 수 있는 약물이다.

드디어 88 올림픽이 개최되었고, 선수들의 약물검사가 계획대로 잘 진행되던 어느 날 스테로이드가 든 시료를 검출하고 절차대로 이를 보고하였다. 우리는 그 시료가 어느 선수의 것인지는 알 수 없고 코드번호로만 모든 실험을 진행하도록 되어 있었다. 그런데 다음 날, 확인을 위해서 실험실에 나타난 선수는 놀랍게도 그 전날 육상 100m 종목에서 금메달을 받은 캐나다 벤 존슨 선수였다. 우리는 그의 앞에서 실험과정을 설명하고 다시 확인 실험을 하여 그가 스테로이드 약물을 복용한 사실을 증명하였고 결국 그의 금메달은 취소되었다.

이렇게 4년 동안 86 아시안게임과 88 올림픽을 준비하고, 또 큰 대회를 치르면서 새로운 분석 방법을 배우고 첨단 분석기기를 익히며 약물의 인체 내 대사물질에 대하여 공부한 것은 큰 즐거움이자 보람이었다. 이 기술들이 나의 신약개발 과정의 기반기술을 진일보시켜 준 것은 틀림이 없다.

88 올림픽 이후 나는 이화여대 교수로 자리를 옮겨 원래의 전공인 약품화학을 교육, 연구하고 있다. 약품화학 분야는 신물질 창출에 많은 성과를 이루고 있는 분야로써 목적 약물의 디자인, 합성방법 개발, 다양한 유도체 합성 등을 통하여 신약개발에 직접적으로 관여하는 분야이다.

나는 현재 진통제와 소염제 계통의 약물 개발에 관심을 갖고 다양한 유도체 합성도 연구하고 있으며, 약물 검사 때 배운 미량 분석기술도 잘 활용하고 있다.

약물 합성을 할 때는 힘들기도 하지만 새로운 물질을 창조해 냈다는 만족감은 다른 곳에서는 찾을 수 없는 기쁨을 느끼게 한다. 학문의 즐거움이 분야마다 다 크겠지만 약품화학 분야는 물질이 쌓여 가는 것이 내 눈에 확실히 보인다.

신약개발은 시간과 비용이 많이 들며 약학의 거의 모든 분야가 관련된 어려운 일이니만큼 개인 혼자서 할 수는 없다. 그러나 그 신약개발의 첫 단추는 분명히 약품화학에 있으므로 우리 실험실에서 디자인하고 합성한 물질이 언젠가는 그 복잡한 절차를 모두 거쳐 제약회사의 제품으로 발전되어 전 세계 인류의 건강증진과 질병 치료에 이바지하게 될 것을 꿈꾸어 본다.

교수님들의
학문 이야기

인내가 이루어 낸 꿈의 결실
-손의동 교수님 이야기

어린 시절의 나는 참 얌전했던 아이였지만, 탐구생활은 도전적이었다고 한다. 마루에서 떨어지면 다친다고 주의를 주어도 기어코 마루에서 떨어져 보고 나서야 다시는 안 떨어지도록 조심했다고 한다. 잠자리를 잡으러 가면 컴컴할 때까지 포기하지 않고 끝을 봤다. 다른 또래 아이들은 부모님 말씀대로 하지만 독립심이 강해서 그런지는 몰라도 나는 내 생각대로 조용히 움직였다. 친구들과 어울려 놀기도 했지만 혼자 배우기도 하며 호기심을 가득 품고 조금씩 사회에 발을 디딜 준비를 했다.

학창시절은 평범하게 보냈지만 고등학생 때는 교회를 다니면서 YMCA기독청년의 서클활동을 하기도 했다. 고등학교에 올라와서 생활이 쪼들리기 시작하면서 7남매의 생활은 그리 쉽지는 않았다. 그러나 생활에 충실하면서 맡은 바 임무는 꼭 마무리하려고 노력하였다. 교회의 작업이 있으면 밤을 새워서라도 해내었다. 그 당시만 해도 대학전공을 선택할 때 담임선생님의 지도와 진학데이터가 충분치 않아서 힘들었다. 그러나 종근당과 일동제약의 TV 광고를 보고 약학에 대한 꿈을 키워 왔던 터라 주저 없이 약학을 지원했다.

꿈을 향한 끝없는 도전!

대학시절에는 생쥐로 실험하는 게 가장 재미있었다. 약물학 실험반에 들어가 활약하면서 지금의 전공을 선택하게 되었다. 학군장교(ROTC)로도 생활하면서 상대를 리드하는 능력도 가지게 되었고 군대 제대 후 석사과정에 입학하여 인생의 전환점을 맞게 되었다.

대한약리학회에서 발표를 하게 되었는데, 의대 교수님의 발표하는 능력에 반하여 의대 생활을 시작하게 된 것이다. 조교로서 정말 열심히 일했다. 지금은 정년퇴직을 하셨지만 주임교수님께서 재미있는 약리학 실험을 하도록 격려해 주셨다. 이것이 인생을 즐거운 사고로 바꾸는 계기가 되었고 더욱 일에 몰두하였다. 너무 바빠서 동창회도 나가지 못할 정도였고, 한편으로는 뭔가 이루기 전에는 어떤 만남도 마음이 허락하지 않았다. 학교 일은 매우 바쁘고 쉴 시간도 부족하여 늘 피곤했지만 남들보다 더욱 열심히 하겠다는 생각으로 최선을 다해 공부했다. 나의 목표는 연구기술을 배운 후 마음 맞는 사람들과 좋은 아이디어를 가지고 신약개발을 하는 것이었다.

긍정적 생활이 가져다준 기회

미국에서는 개미 쳇바퀴 돌듯 브라운대학과 집을 오고갔지만 출퇴근길에 광활한 대지를 바라보며 긍정적인 생활을 했다. 연구를 열심히 하다 보니 자연스레 행운의 기회가 주어졌다. 92년, 93년 과학자상을 연이어 받은 것이 좋게 평가되어 교수가 되는 영광을 얻게 된 것이다. 미국의 주임교수도 연구비가 상위에 랭크되어서 매우 기뻐했다. 모두에게 행운을 주게 된 것은 다름 아닌 인내로서 이겨 낸 결실이라 할 수 있다.

인내를 키운 것은 한 가지 일만을 고집하여 천천히 이루어 낸 결과이기도 하다. 인생을 살아가는 데는 즐거움과 어려움이 항상 공존하고 있을 것이다. 나에게도 어려움은 많았지만 인내를 통해 긍정적인 삶으로 키워 갔다.

인생은 잘 먹고(쾌식) 잘 누고(쾌뇨) 잘 싸며(쾌변) 땀을 잘 흘리고(쾌한) 모든 것을 긍정적으로 대해야(쾌활) 건강해질 수 있다. 인생은 먼 여정을 떠나는 것과 같다. 여행을 떠나기 위해서는 준비물이 필요하다. 잘 준비한 사람은 여행을 잘할 수 있고, 종착역까지 무사히 도달할 수 있다. 인내를 가지고 인생을 차근차근 준비해라!

가끔씩 군대시절 쓴 일기장을 꺼내어 보며 지난 일을 회상할 때면, 인생은 긍정적으로 살아야 함을 깨닫는다. 남을 배려하고 봉사하는 것은 약학전문인으로서의 자세라고도 볼 수 있다.

마지막으로 약학을 전공하는 학생들에게 이것만은 꼭 들려주고 싶
다.

少年(소년)은 易老(이노)하고 學難成(학난성)하니
一寸光陰(일촌광음)이라도 不可輕(불가경)하라.
未覺池塘(미각지당)에 春草夢(춘초몽)인데
階前梧葉(계전오엽)이 已秋聲(이추성)이라.

−주자의 권학 편

소년은 늙기 쉽고 학문은 이루기 어려우니,
한시라도 가벼이 여기지 말라.
아직 못가의 봄풀은 꿈에서 깨어나지 못했는데
섬돌 앞 오동나무는 벌써 가을소리를 내느니라.

교수님들의
학문 이야기

우연과 필연의 운명적 만남
-정세영 교수님 이야기

전쟁 직후의 어려운 시기에 태어나 불과 두 살의 나이에 백일해를 앓아 사망선고를 받았던 적이 있다. 하루 종일 울고 계시던 어머니에게 의사였던 대고모 할머니가 "미국에서 시판되고 있는 에리스로 마이신을 구할 수 있으면 살릴 수 있는데……"라고 하신 한마디에 군장교로 계시던 아버지께서 미군 부대를 통해 얻은 항생제로 목숨을 건진 나는 현재 경희대학교 약대 교수로 재직하고 있다.

이런 배경 때문인지 대학 진학은 서울대 자연계열로 들어가 약대를 선택하게 되었다.

대학에서는 신약개발을, 특히 대고모 할머니의 목숨을 앗아간 위암을 치료하는 항암제 개발을 목표로 전공과목에서는 4년간 평균 A⁺를 받을 정도로 열심히 공부하였다. 대학 3학년 때는 여름방학을 반납한 채 실험실에 틀어박혀 인삼성분을 분리했

던 적도 있다. 어느 날 냉장고를 열었을 때 반짝반짝 빛나는 결정체가 무수히 가라앉아 있는 것을 보고 드디어 새로운 성분을 찾았다며 선배에게 뛰어갔던 적도 있다. 그러나 식물 스테롤이라는 너무도 평범한, 이미 발견된 성분이라는 선배의 말을 듣고 석 달간의 노고가 물거품이 되었다는 실망감에 일주일을 집에서 잠만 잤던 기억이 아직도 생생하다.

석·박사 과정을 거치면서 약물독성이라는 새로운 학문에 눈을 떠 항암제 중 효능은 좋지만 신장독성이 강해 오래 투여하면 오히려 신장이 망가져 사망한다는 시스플라틴이라는 백금항암제의 독성을 경감시키는 약물을 개발했고 신장보호 기능이 있는 건강기능식품으로 제품이 나왔을 때는 만족감도 느꼈다.

지금은 대사질환인 비만, 당뇨개선과 피부노화로 인한 주름을 없애 주는 건강기능식품을 개발하고 있으며 2년 전에 개발한 숙취 해소제는 CJ에서 ADH컨디션이라는 상품명으로 시판되어 가끔 술 먹고 사 먹는 재미도 쏠쏠하게 느끼고 있다.

사람은 누구나 인생의 전기를 갖게 되고 그 사건을 통해 자신의 목표를 세우곤 한다.

어릴 때 내 목숨을 구해 준 약을 개발하기 위해 약대에 진학했고

교수님들의
학문 이야기

항암제 부작용 경감제 개발과 질병예방이라는 관점에서 건강기능식품을 개발하게 된 지금, 나는 우연과 필연으로 짜인 인생의 어느 시점을 지나 조금은 뒤돌아볼 수 있는 고지를 향해 가고 있는 것이 아닌가 생각한다.

약학 관련 학과가 있는 대학들

서울	경희대, 덕성여대, 동국대, 동덕여대, 삼육대, 서울대, 성균관대, 숙명여대, 연세대, 이화여대, 중앙대
인천	가천약학대, 가톨릭대
부산	경성대
대구	경북대, 계명대, 대구가톨릭대
광주	전남대, 조선대
대전	충남대
경기도	아주대, 차의과학대, 한양대
강원도	강원대, 한중대
충청도	충북대, 단국대
전라도	목포대, 순천대, 우석대, 원광대
경상도	경상대, 영남대, 인제대

약학 관련 사이트 찾아보기

학문은 책 속에만 있는 것이 아니다. 약학 관련 사이트를 방문해 보자!
생생하고 재미있는 정보들이 가득할 것이다. 자, 출발!

국외	세계보건기구 http://www.who.int
	국제제약협회연맹 http://www.ifpma.org
	미국제약협회 http://www.phrma.org
	일본제약협회 http://www.jpma.or.jp
	미국식품의약품청 http://www.fda.gov
국내	데일리팜 http://www.dailypharm.com
	약사공론 http://www.kpanews.co.kr
	약업신문 http://www.yakup.com
	메디파나 http://www.medipana.com
	약국신문 http://www.pharm21.com
	약사신문 http://www.pharmnews.co.kr
	의약뉴스 http://www.newsmp.com
	팜넷 http://www.pharmnet.co.kr
	약학정보원 http://www.health.kr
	대한약사통신 http://main.kpca.co.kr
	국민건강보험 http://www.nhis.or.kr
	대학약사회 http://www.kpanet.or.kr
	한국여약사회 http://www.kwpan.or.kr

국내	한국제약협회 http://www.kpbma.or.kr
	한국병원약사회 http://www.kshp.or.kr
	대한한약사회 http://www.hanyaksa.or.kr
	대한약학회 http://www.psk.or.kr
	보건복지부 http://www.mohw.go.kr
	식품의약품안전처 http://www.mfds.go.kr
	건강보험심평원 http://www.hira.or.kr
	온라인 의약도서관 http://drug.mfds.go.kr
	대한화학회 http://kcsnet.or.kr
	한국생약학회 http://www.ksp.or.kr
	한국신약연구개발조합 http://www.kdra.or.kr
	한국화학연구원 http://www.krict.re.kr
	한국식물추출물은행 http://extract.kribb.re.kr

약학 대학 사이트 소개

- **가천약학대** (http://home.gachon.ac.kr/pharm) • **가톨릭대** (http://www.catholic.ac.kr/~pharm)
- **강원대** (http://pharmacy.kangwon.ac.kr) • **경북대** (http://pharmacy.knu.ac.kr)
- **경상대** (http://pharm.gnu.ac.kr) • **경성대** (http://www.ks.ac.kr/pharmacy)
- **경희대** (http://pharm.khu.ac.kr) • **계명대** (http://web.kmu.ac.kr/pharmacy)
- **단국대** (http://hompy.dankook.ac.kr/pharmacy) • **대구가톨릭대** (http://pharm.cu.ac.kr)
- **덕성여대** (http://dspharm.kr) • **동국대** (http://pharm.dongguk.edu)
- **동덕여대** (http://www.dongduk.ac.kr/pharmacy/index.do)
- **삼육대** (http://www.syu.ac.kr/web/pharmacy/home) • **서울대** (http://www.snupharm.ac.kr)
- **성균관대** (http://pharm.skku.edu) • **숙명여대** (http://pharmacy.sookmyung.ac.kr)
- **순천대** (http://iphak.sunchon.ac.kr) • **목포대** (http://pharmacy.mokpo.ac.kr)
- **아주대** (http://pharm.ajou.ac.kr) • **연세대** (http://pharmacy.yonsei.ac.kr)
- **영남대** (http://pharm.yu.ac.kr) • **우석대** (http://www.woosuk.ac.kr)
- **원광대** (http://ipsi.wonkwang.ac.kr/2011_Admission/index.html)
- **이화여대** (http://home.ewha.ac.kr/~pharm21) • **인제대** (http://pharm.inje.ac.kr)
- **전남대** (http://altair.chonnam.ac.kr/~pharmacy) • **조선대** (http://pharmacy.chosun.ac.kr)
- **중앙대** (http://www.pharm.cau.ac.kr/index.asp) • **차의과학대** (http://pharmacy.cha.ac.kr)
- **충남대** (http://www.cnupharm.ac.kr) • **충북대** (http://ipsi.chungbuk.ac.kr)
- **한양대** (http://www.hanyang.ac.kr/code_html/Y3YL) • **한중대** (http://www.hanzhong.ac.kr)

나의 미래 계획 다이어리

나를 알아보는 단계
미래 계획을 세우기 전에 나를 알아보는 것은 중요하다. 재능 있는 사람도 즐기는 사람을 당할 수 없다고 한다. 내가 가장 좋아하고 잘할 수 있는 일은 무엇일까? 자신이 좋아하는 일들로 지면을 가득 채워 보자!

보너스 문제

이것만은 절대 못 하겠다!
다른 건 어떻게 해 보겠는데, 정말 하기 싫은 것이 있을 것이다.
눈치 보지 말고, 마음껏 적어 보자!

본격적인 계획 단계-목표 설정

나에 대해 알아보았으니 이제 본격적으로 자신만의 맞춤 계획을 세워 보자. 먼저 자신이 무엇을 하고 싶은지 적어 보자. 목표가 확실하지 않으면 계획을 진행하기 어렵기 때문에 신중히 생각해야 한다.

부자가 되는 것도 좋지만,
실현 가능한 목표를 세우는 것이 좋요해.
그러기 위해서는 좀 더 구체적으로
생각하는 게 좋겠지?

나는 부자가
될 거야!

실행 단계
목표를 정했으니 이제 거침없이 계획을 진행해 보자. 자신이 세운 목표
를 이루기 위해서는 어떤 일들을 해야 하는지 적어 보자.

나의 목표-방학 동안 5kg 감량

계획
저녁은 오후 7시 이전에 먹는다. → 저녁은 안 먹지만 야식은 먹었다.
일주일에 3번 이상 줄넘기를 한다. → 일주일에 3번 이상 줄만 간신히 넘었다.
군것질을 줄인다. → 군것질은 줄었지만 외식이 늘었다.

단, 계획이 잘 실행되고 있는지 수시로 체크하는 것이 중요하다!

10년 후 나의 모습

이렇게 계획을 세우는 것만으로도 마음이 든든하다. 이 든든한 마음을 가지고 10년 후 자신의 모습을 생각해 보자!

파티시에가 되어서 사람들에게 꿈과 희망도 같이 나눠 주고 있을 것 같아! 상상만으로 빵 냄새가 솔솔 나는 것 같아.

와~ 그럼, 나 빵 많이 주어야 해! 꼭짜로~

MEMO

대한약학회는...

대학교수, 제약회사 및 국·공립연구소, 약사 등으로 이루어진 사단법인체로 조선약학회를 근간으로 1951년에 창립되어 학술대회를 통해 심포지엄 및 포스터 발표를 하고 있으며, 국문 학술지인 《약학회지》와 영문학술지인 SCI급 《Archives of Pharmacal Research》와 관련된 기술발전을 위한 출판물을 발간하고 있다.

MT약학은 대한약학회의 21명의 교수님과 2명의 전문가께서 함께 쓰신 책입니다.

강영숙(숙명여대), 강태진(삼육대), 강혜영(연세대), 권경희(동국대), 김은영(중앙대), 박혜영(이화여대), 배규운(숙명여대), 배영우(한국제약바이오협회), 손의동(중앙대), 신영희(경성대), 오기환(한국바이오협회), 오정미(서울대), 유봉규(영남대), 이범진(강원대), 이영미(원광대), 이용수(덕성여대), 이재휘(중앙대), 이종길(충북대), 이혜숙(가톨릭대), 정세영(경희대), 정재훈(삼육대), 정진현(연세대), 조정원(충남대)

나의 미래 공부 13

MAP OF TEENS **MT 약학**

초 판 1쇄 펴낸날 2008년 10월 6일
개정 3판 1쇄 펴낸날 2024년 6월 3일

저자 대한약학회
펴낸이 서경석
책임편집 정재은 **마케팅** 서기원 **제작·관리** 서지혜, 이문영
디자인 All Design Group **일러스트** 문수민
펴낸곳 청어람장서가 **출판등록** 2009년 4월 8일(제 313-2009-68호)
본사 주소 경기도 부천시 부일로483번길 40 (14640)
주니어팀 주소 서울특별시 구로구 디지털로 272 한신IT타워 404호 (08389)
전화 02)6956-0531 **팩스** 02)6956-0532
전자우편 juniorbook0@gmail.com

정가 15,000원
ISBN 979-11-86419-97-7 44070
979-11-86419-42-7(세트)